Math in Focus®

Singapore Math®
by Marshall Cavendish
en español

Guía de evaluación

Grado 4

Marshall Cavendish Education

Distribuidor en Estados Unidos
Houghton Mifflin Harcourt.
The Learning Company™

Published by Marshall Cavendish Education
Times Centre, 1 New Industrial Road, Singapore 536196
Customer Service Hotline: (65) 6213 9688
US Office Tel: (1-914) 332 8888 | Fax: (1-914) 332 8882
E-mail: cs@mceducation.com
Website: www.mceducation.com

Distributed by
Houghton Mifflin Harcourt
125 High Street
Boston, MA 02110
Tel: 617-351-5000
Website: www.hmhco.com/programs/math-in-focus

First published 2020

ISBN 978-0-358-31009-9

Printed in Singapore

2 3 4 5 6 7 8   1401   25 24 23 22 21 20
4500800912   B C D E F

Contenido

PÁGINA EN BLANCO

Prefacio

Las evaluaciones de **Math in Focus®** ***Guía de evaluación*** sirven de acompañamiento para **Math in Focus®** ***Libro del estudiante***. Los recursos de evaluación proporcionan a los educadores la información crítica que necesitan para evaluar los logros de los estudiantes, determinar la necesidad de intervención y dar forma a la instrucción futura.

Math in Focus® ***Guía de evaluación*** incluye:

- **Pruebas del capítulo** — para ayudar a los educadores a determinar si los estudiantes han adquirido destrezas y conceptos específicos
- **Repasos acumulativos** — para ayudar a los educadores a hacerse una idea acabada del progreso continuo de los estudiante

Las evaluaciones de **Math in Focus®** ***Guía de evaluación*** emplean una variedad de formatos de ejercicios, como preguntas de opción múltiple, preguntas de respuesta corta y respuestas elaboradas.

Hoy, harás una prueba para mostrar lo que has aprendido. La prueba tiene tres secciones: A, B y C. No puedes usar calculadora. Debes completar las tres secciones en el tiempo asignado.

Instrucciones

1. Lee cada pregunta y sigue la sinstrucciones.
2. Sombrea el círculo junto a la respuesta que elijas. Rellena el círculo completamente. No hagas marcas fuera del círculo.
3. Borra tu marca por completo si necesitas cambiar una respuesta.
4. Algunas preguntas te piden que muestres o expliques el proceso para obtener más puntos.
5. Omite las preguntas si no sabes las respuestas.
6. Revisa tu trabajo si terminas antes de tiempo.

Instrucciones para usar una cuadrícula de respuestas

1. Escribe tu respuesta en los recuadros de la parte superior de la cuadrícula.
2. Escribe solo un número o símbolo en cada recuadro.
3. No te saltes ningún recuadro al escribir tu respuesta.
4. Sombrea el círculo debajo de cada recuadro que coincida con el número o símbolo que pusiste en el recuadro.
5. Pueden quedar recuadros vacíos después de escribir tu respuesta. Deja sin marcas los círculos que hay debajo de esos recuadros
6. Observa los siguientes ejemplos sobre cómo completar una cuadrícula de respuestas.

La cuadrícula de respuestas muestra como respuesta 108.

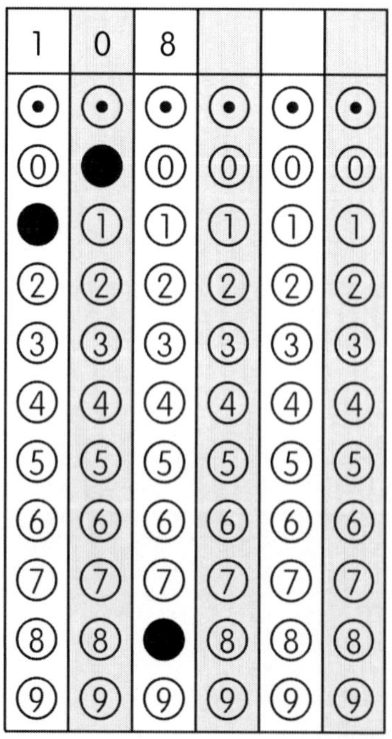

La cuadrícula de respuestas muestra como respuesta .25.

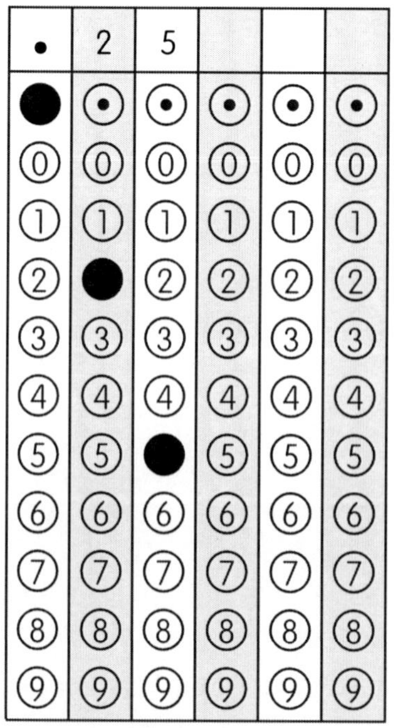

Nombre: ____________________ Fecha: __________

Prueba del capítulo 1

Guía de evaluación
Trabajar con números enteros

Sección A Preguntas de opción múltiple

1. Lee los números.

   89,724 89,427 89,247 92,478

   ¿Cuál es el menor?

   (A) 92,478
   (B) 89,724
   (C) 89,427
   (D) 89,247

2. ¿Cuál número es 273,629 cuando se redondea al millar más cercano?

   (A) 273,000
   (B) 273,600
   (C) 273,630
   (D) 274,000

3. ¿Cuáles números faltan?

   60,702 = ________ + 700 + ________

   (A) 6,000 y 2
   (B) 6,000 y 20
   (C) 60,000 y 2
   (D) 60,000 y 20

4. Halla un patrón. ¿Cuál es el número que falta?

26,783 25,783 24,783 23,783 ________

(A) 21,783
(B) 22,783
(C) 23,683
(D) 23,883

5. ¿Cuál es la suma del valor de 4 en 549,763 y del valor de 9 en 387,962?

(A) 130,000
(B) 40,900
(C) 49,000
(D) 90,400

Sección B Preguntas de respuesta corta

6 204,803 + 50,716 =

Escribe el resultado en la cuadrícula de respuestas.

⊙	⊙	⊙	⊙	⊙	⊙
⓪	⓪	⓪	⓪	⓪	⓪
①	①	①	①	①	①
②	②	②	②	②	②
③	③	③	③	③	③
④	④	④	④	④	④
⑤	⑤	⑤	⑤	⑤	⑤
⑥	⑥	⑥	⑥	⑥	⑥
⑦	⑦	⑦	⑦	⑦	⑦
⑧	⑧	⑧	⑧	⑧	⑧
⑨	⑨	⑨	⑨	⑨	⑨

7 El precio de un televisor es $1,298. El precio de un refrigerador es $2,501. ¿Aproximadamente cuánto cuestan ambos artículos en total?

Muestra el proceso y escribe tu respuesta en el siguiente espacio en blanco.

8 La tienda A gana $10,347. La tienda A gana $1,255 más que la tienda B. ¿Cuánto ganan las dos tiendas en total?

Muestra el proceso y escribe tu respuesta en el siguiente espacio en blanco.

9 Tyler forma un patrón numérico para que Ana lo complete. Ana escribe su resultado en el espacio en blanco.

8 7 10 9 12 11 14 13 ___16___

¿Ana está en lo correcto? Explica cómo obtuviste tu respuesta.

Muestra el proceso y escribe tu respuesta en el siguiente espacio en blanco.

10 En un parque de diversiones hubo 5,985 visitantes en marzo. Hubo 1,070 más visitantes en marzo que en abril. En mayo, hubo 524 más visitantes que el número total de visitantes en marzo y abril. ¿Cuántos visitantes hubo en mayo?

Muestra el proceso y escribe tu respuesta en el siguiente espacio en blanco.

Sección C Respuesta elaborada

11 Sara encuentra la diferencia entre 37,519 y 25,378. Obtiene el resultado 12,261.

- Explica el error de Sara.
- ¿Cuál debería ser la respuesta correcta?
- Explica cómo obtuviste tu resultado .

Muestra el proceso y escribe tu respuesta en el siguiente espacio en blanco.

12 Amanda está pensando en un número de 5 dígitos.

- El dígito en el lugar de las centenas es 7.
- El dígito en el lugar de los millares es el dígito mayor posible.
- El dígito en el lugar de las unidades es el doble del dígito en el lugar de las decenas de millares.
- Los dígitos en el lugar de los millares y el lugar de las unidades suman 17.
- Los dígitos en el lugar de las decenas y de las decenas de millar suman el dígito en el lugar de los centenas.

¿En qué número está pensando Amanda?

Muestra el proceso y escribe tu respuesta en el siguiente espacio en blanco.

Nombre: ______________________ Fecha: ____________

Guía de evaluación
Multiplicación y división

Sección A Preguntas de opción múltiple

1 ¿Cuál de los siguientes pares de números tienen 6 como factor común?
Elige los **dos** resultados correctos.

(A) 6 y 16

(B) 12 y 26

(C) 24 y 42

(D) 36 y 62

(E) 48 y 54

2 Cuando cierto número se divide entre 7, el cociente es 217 y el residuo es 4.
¿Cuál este número?

(A) 1,523

(B) 1,519

(C) 1,547

(D) 1,491

3 ¿Qué número representa una ☆?

3,928 × 3 = ☆ + ☆

(A) 5,892

(B) 7,856

(C) 6,856

(D) 6,846

4. ¿Cuál es el dígito que falta?

2,__45 × 2 = 4,690

(A) 1
(B) 2
(C) 3
(D) 4

5. ¿Qué números son múltiplos comunes del 3 y el 8?
Elige los **dos** resultados correctos.

(A) 12
(B) 24
(C) 32
(D) 48
(E) 56

Sección B Preguntas de respuesta corta

6 1,960 ÷ 8 =

Escribe tu resultado en la cuadrícula de respuestas.≠

⊙	⊙	⊙	⊙	⊙	⊙
⓪	⓪	⓪	⓪	⓪	⓪
①	①	①	①	①	①
②	②	②	②	②	②
③	③	③	③	③	③
④	④	④	④	④	④
⑤	⑤	⑤	⑤	⑤	⑤
⑥	⑥	⑥	⑥	⑥	⑥
⑦	⑦	⑦	⑦	⑦	⑦
⑧	⑧	⑧	⑧	⑧	⑧
⑨	⑨	⑨	⑨	⑨	⑨

7 329 × 17 =

Escribe tu resultado en la cuadrícula de respuestas.

⊙	⊙	⊙	⊙	⊙	⊙
⓪	⓪	⓪	⓪	⓪	⓪
①	①	①	①	①	①
②	②	②	②	②	②
③	③	③	③	③	③
④	④	④	④	④	④
⑤	⑤	⑤	⑤	⑤	⑤
⑥	⑥	⑥	⑥	⑥	⑥
⑦	⑦	⑦	⑦	⑦	⑦
⑧	⑧	⑧	⑧	⑧	⑧
⑨	⑨	⑨	⑨	⑨	⑨

8 Hay 1,500 mililitros de agua en una botella. La cantidad de agua en el cubo es 4 veces la cantidad de agua en la botella. ¿Cuántos mililitros de agua hay en el cubo?

Muestra el proceso y escribe tu respuesta en el siguiente espacio en blanco.

9 El Sr. Jones tiene 3,250 gramos de arándanos. Su vecino le da otros 2,750 gramos de arándanos. Usa 5,250 gramos de arándanos para hacer mermelada. Luego divide igualmente los arándanos que quedan entre sus 3 hijos. ¿Cuántos gramos de arándanos recibe cada niño?

Muestra el proceso y escribe tu respuesta en el siguiente espacio en blanco.

10 Hailey va a correr al parque cada 3 días. Ravi va a correr al mismo parque cada 4 días. Se encuentran en el parque el 1 de marzo de un año.

¿Cuáles son las siguientes tres fechas en que se encontrarán? Explica cómo obtuviste tu resultado.

Muestra el proceso y escribe tu respuesta en el siguiente espacio en blanco.

Sección C Respuesta elaborada

11 Hay 65 adultos y 41 niños en un paseo de un día. ¿Cuál es el número menor de camionetas que se necesitan si en cada una pueden ir 9 pasajeros?

Bailey dice que el número menor de camionetas necesarias es 11 porque el cociente de 106 ÷ 9 es 11.

- Explica el error de Bailey.
- ¿Cuál debería ser la resultado correcto?
- Explica cómo obtuviste tu respuesta.

Muestra el proceso y escribe tu respuesta en el siguiente espacio en blanco.

12 Cuando cierto número se divide entre 6, el residuo es 2.
Cuando ese mismo número se divide entre 7, el residuo es 3.
¿Cuál es el menor número posible?

Daniel dice que el menor número posible es 38.
¿Está en lo correcto Daniel? Explica cómo obtuviste tu resultado.

Muestra el proceso y escribe tu respuesta en el siguiente espacio en blanco.

Nombre: ______________________ Fecha: ____________

Guía de evaluación
Repaso acumulativo 1

Sección A Preguntas de opción múltiple

1 Lee los números.

43,215 43,125 43,521 43,512

¿Cuál es el mayor?

(A) 43,125
(B) 43,215
(C) 43,512
(D) 43,521

2 Cierto número, al redondearlo al millar más cercano, es 577,000.
¿Cuál podría ser ese número?
Elige los **tres** resultados correctos.

(A) 575,300
(B) 576,653
(C) 576,799
(D) 577,212
(E) 577,500
(F) 580,000

3 ¿Cuál es 89,005 en su forma desarrollada?

(A) 8,000 + 9,000 + 5
(B) 80,000 + 9,000 + 5
(C) 80,000 + 9,000 + 50
(D) 80,000 + 90,000 + 500

4. Halla un patrón. ¿Cuál es el número faltante?

13,789 14,789 15,789 16,789 ________

(A) 18,789
(B) 17,789
(C) 16,889
(D) 16,689

5. Observa el número 130,423. ¿En qué lugar está el dígito 0?

(A) cientos de miles
(B) decenas de miles
(C) miles
(D) cientos

6. ¿Cuáles ecuaciones son verdaderas?
Elige los **dos** resultados correctos.

(A) $73 - 45 = 43 - 25$
(B) $65 - 39 = 45 - 29$
(C) $50 + 12 = 48 + 15$
(D) $47 + 25 = 50 + 22$
(E) $53 + 19 = 97 - 25$

7 Un granjero tiene 917 libras de hongos. Quiere empacar todos sus hongos en sacos de 9 libras cada uno. ¿Cuál es el número menor de sacos que necesita?

(A) 100
(B) 101
(C) 102
(D) 103

8 ¿Cuál problema se puede resolver al hallar el producto de 349 y 28?

(A) Kyle tiene 349 adhesivos. Los empaca en paquetes de 28 adhesivos cada uno. Halla el número de paquetes de adhesivos que tiene.
(B) En una tienda hay 349 manzanas y 28 piñas. Halla el número total de manzanas y piñas en la tienda.
(C) Un repostero tiene 349 kilogramos de harina. Usa hasta 28 kilogramos de harina para hornear algunos pasteles. Halla la cantidad de harina que le queda.
(D) 349 personas asistieron a un concierto. Cada entrada para el concierto cuesta $28. Halla la cantidad total de dinero que se obtuvo de la venta de las entradas.

9 ¿Cuál es el dígito que falta?

7,__34 ÷ 9 = 792 R 6

(A) 4
(B) 3
(C) 2
(D) 1

10 ¿Cuáles ecuaciones serían correctas si el número 12 se escribe en el recuadro?
Elige los **dos** resultados correctos.

(A) $\square \times 4 = 6 \times 8$

(B) $120 \div \square = 9 \times 2$

(C) $20 + \square = 4 \times 6$

(D) $5 \times \square = 85 - 25$

(E) $22 \times 8 = 180 - \square$

Sección B Preguntas de respuesta corta

11 425,783 – 167,902 =

Escribe tu resultado en la cuadrícula de respuestas.

⊙	⊙	⊙	⊙	⊙	⊙
⓪	⓪	⓪	⓪	⓪	⓪
①	①	①	①	①	①
②	②	②	②	②	②
③	③	③	③	③	③
④	④	④	④	④	④
⑤	⑤	⑤	⑤	⑤	⑤
⑥	⑥	⑥	⑥	⑥	⑥
⑦	⑦	⑦	⑦	⑦	⑦
⑧	⑧	⑧	⑧	⑧	⑧
⑨	⑨	⑨	⑨	⑨	⑨

12 265 × 30 =

Escribe tu resultado en la cuadrícula de respuestas.

⊙	⊙	⊙	⊙	⊙	⊙
⓪	⓪	⓪	⓪	⓪	⓪
①	①	①	①	①	①
②	②	②	②	②	②
③	③	③	③	③	③
④	④	④	④	④	④
⑤	⑤	⑤	⑤	⑤	⑤
⑥	⑥	⑥	⑥	⑥	⑥
⑦	⑦	⑦	⑦	⑦	⑦
⑧	⑧	⑧	⑧	⑧	⑧
⑨	⑨	⑨	⑨	⑨	⑨

13 La población de pingüinos en una isla es de 27,000 cuando se redondea al millar más cercano. Halla el mayor número posible de pingüinos.

Escribe tu resultado en la cuadrícula de respuestas.

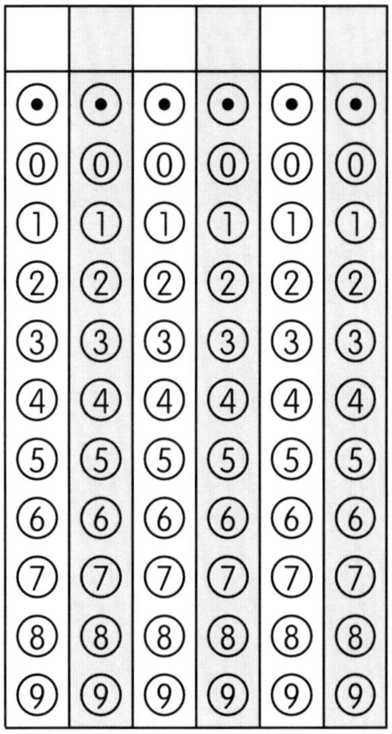

14 Halla los factores comunes de 8 y 36.

Muestra el proceso y escribe tu respuesta en el siguiente espacio en blanco.

15 Halla el cuarto múltiplo de 7.

Muestra el proceso y escribe tu respuesta en el siguiente espacio en blanco.

16 Halla todos los números primos del 1 al 20. Explica cómo obtuviste tus resultados.

Muestra el proceso y escribe tu respuesta en el siguiente espacio en blanco.

17 Jacob piensa en un número entre el 20 y el 30. Cuando el número se divide entre 4, su residuo es 3. ¿Cuál es el valor menor del número? Explica cómo obtuviste tu resultado.

Muestra el proceso y escribe tu respuesta en el siguiente espacio en blanco.

18 Había 16,738 personas en un juego de básquetbol. 3,241 de ellas eran niños y el resto eran adultos. ¿Cuántos adultos más que niños había en el juego de básquetbol?

Muestra el proceso y escribe tu respuesta en el siguiente espacio en blanco.

19 Alex halla la diferencia entre 41,501 y 23,495. Dice que su resultado es aproximadamente 19,000.
¿La resultado de Alex es razonable? Explica.

Muestra el proceso y escribe tu respuesta en el siguiente espacio en blanco.

20 El Sr. Turner envió su automóvil al taller para reparación así como para que le cambien 4 llantas. El Sr. Turner pagó $1,035 en total. La reparación costó 5 veces el precio de cada llanta.
El mecánico dijo al Sr. Turner que la reparación costó aproximadamente $500. Explica el error del mecánico.

Muestra el proceso y escribe tu respuesta en el siguiente espacio en blanco.

Sección C Respuesta elaborada

21 Natalie tiene más de 10 monedas.
Cuando empaca las monedas en bolsas de 6, le sobran monedas.
Cuando empaca las monedas en bolsas de 4, le sobran 2 monedas.
¿Cuál es el menor número posible de monedas que Natalie tiene?
Explica cómo obtuviste tu respuesta.

Muestra el proceso y escribe tu respuesta en el siguiente espacio en blanco.

22 Los precios de dos tipos de jarrones en la tienda se muestran a continuación.

Jarrón chico	$17
Jarrón grande	$23

La Sra. Smith compró un número igual de jarrones chicos y jarrones grandes. Pagó $520 por todos los jarrones. ¿Cuántos jarrones compró la Sra. Smith en total?

Muestra el proceso y escribe tu respuesta en el siguiente espacio en blanco.

23 Un melón y una penca de plátanos cuestan $12. Los 7 melones y las 5 pencas de plátanos cuestan $74.

- ¿Cuánto cuesta cada melón?
- ¿Cuánto cuesta cada penca de plátanos?

Muestra el proceso y escribe tu respuesta en el siguiente espacio en blanco.

Nombre: ______________________________ Fecha: ______________

Prueba del capítulo 3

Guía de evaluación
Fracciones y números mixtos

Sección A Preguntas de opción múltiple

1. ¿Cuántos cuartos hay en $3\frac{1}{4}$?

   (A) 7

   (B) 8

   (C) 12

   (D) 13

2. ¿Cuál de los siguientes tiene el mismo valor que $\frac{2}{9} \times 18$?

   (A) $\frac{9}{2} \times 18$

   (B) $9 \times \frac{18}{2}$

   (C) $2 \times \frac{9}{18}$

   (D) $2 \times \frac{1}{9} \times 18$

3. El lunes, June trabajó en un librería durante $4\frac{2}{3}$ horas. Trabajó $1\frac{1}{3}$ horas menos el martes. ¿Cuál de las siguientes expresiones puede usarse para encontrar el número de horas que trabajó el martes?

   (A) $4\frac{2}{3} - 1\frac{1}{3}$

   (B) $4\frac{2}{3} + 1\frac{1}{3}$

   (C) $\frac{2}{3} - \frac{1}{3} + 4 + 1$

   (D) $\frac{2}{3} + \frac{1}{3} + 4 - 1$

4 ¿Qué pares de fracciones muestran una comparación correcta? Elige los **dos** resultados correctos.

(A) $\frac{2}{3} > \frac{1}{4}$

(B) $\frac{3}{5} < \frac{3}{8}$

(C) $\frac{4}{5} > \frac{3}{4}$

(D) $\frac{3}{8} > \frac{2}{3}$

(E) $\frac{1}{10} > \frac{7}{10}$

5 Hay 8 estudiantes en una clase de Arte. Cada estudiante usa $\frac{3}{4}$ de un frasco de pintura. ¿Cuántos frascos de pintura usan en total?

(A) 24

(B) 10

(C) 8

(D) 6

Sección B Preguntas de respuesta corta

6 Expresa $5\frac{1}{4}$ como una fracción impropia.

Muestra el proceso y escribe tu respuesta en el siguiente espacio en blanco.

7 ¿Cuál es el número que falta?

$\frac{2}{5} = \frac{}{10}$

Escribe tu resultado en la cuadrícula de respuestas.

⊙	⊙	⊙	⊙	⊙	⊙
⓪	⓪	⓪	⓪	⓪	⓪
①	①	①	①	①	①
②	②	②	②	②	②
③	③	③	③	③	③
④	④	④	④	④	④
⑤	⑤	⑤	⑤	⑤	⑤
⑥	⑥	⑥	⑥	⑥	⑥
⑦	⑦	⑦	⑦	⑦	⑦
⑧	⑧	⑧	⑧	⑧	⑧
⑨	⑨	⑨	⑨	⑨	⑨

8 Esta pregunta tiene dos partes.

Parte A

Riley horneó una tarta de pollo. Comió $\frac{2}{8}$ de la tarta de pollo.
Su hermana comió $\frac{1}{8}$ de la misma tarta de pollo. ¿Qué fracción de la tarta de pollo comieron en total?

Muestra el proceso y escribe tu respuesta en el siguiente espacio en blanco.

Parte B

Riley mezcló $\frac{3}{5}$ de litro de jugo de naranja y $\frac{4}{5}$ de litro de jugo de piña para hacer un poco de refresco de frutas. Quiere llenar una botella de 1 litro con refresco de frutas. ¿Tiene Reily suficiente refresco de frutas para llenar la botella? Explica.

Muestra el proceso y escribe tu respuesta en el siguiente espacio en blanco.

9 Layla tiene unas cintas. $\frac{2}{5}$ de las cintas tienen rayas y el resto tienen puntos. $\frac{7}{9}$ de las cintas con puntos son azules y el resto son rosas. Layla tiene 10 cintas de puntos rosa. ¿Cuántas cintas tiene en total?

Muestra el proceso y escribe tu respuesta en el siguiente espacio en blanco.

Sección C Respuesta elaborada

10 La Sra. Jones compra $1\frac{3}{8}$ kilogramos de carne. Usa $\frac{7}{8}$ de kilogramo para hacer un asado. La Sra. Jones necesita $\frac{5}{8}$ de kilogramo de carne para hacer hamburguesas para la fiesta el día siguiente.

- ¿Cuánta carne le quedó a la Sra. Jones después de hacer el asado? Da tu resultado como una fracción en su mínima expresión.
- ¿Tiene suficiente carne la Sra. Jones para hacer las hamburguesas?
- Explica cómo obtuviste tu resultado.

Muestra el proceso y escribe tu respuesta en el siguiente espacio en blanco.

11 $\frac{2}{3} \times 5 =$

Se le encargó a Ana hallar el resultado.

Ana dijo que el producto de $\frac{2}{3}$ y 5 es $3\frac{1}{3}$.

- ¿Ana está en lo correcto?
- Explica cómo obtuviste tu resultado.

Muestra el proceso y escribe tu respuesta en el siguiente espacio en blanco.

Nombre: ______________________ Fecha: ____________

Guía de evaluación
Decimales

Sección A Preguntas de opción múltiple

1. ¿Cuál es la cantidad total de agua en los recipientes?

(A) 2.04 L
(B) 2.4 L
(C) 20.4 L
(D) 24 L

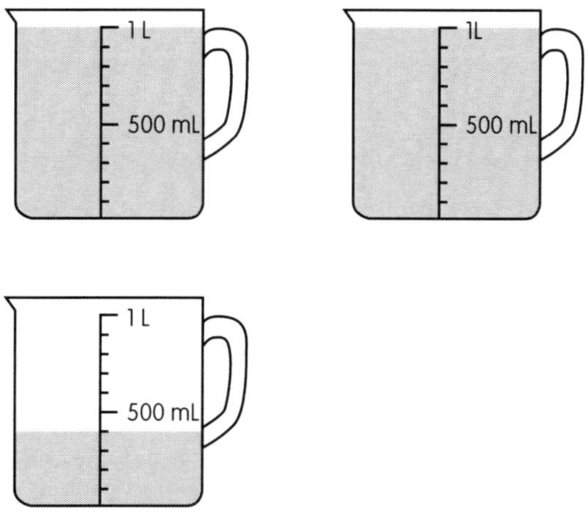

2. Observa 65.34. ¿Cuál dígito está en el lugar de las decenas?

(A) 6
(B) 5
(C) 4
(D) 3

3. ¿Cuánto son 25 dólares 5 centavos en forma decimal?

(A) $0.25
(B) $2.55
(C) $25.05
(D) $25.50

4 ¿Cuál es la expresión faltante?
1.09 es igual a ______________.
Elige los **dos** resultados correctos.

(A) $1 + \frac{9}{10}$

(B) $1 + \frac{9}{100}$

(C) $\frac{1}{10} + \frac{9}{100}$

(D) $\frac{10}{100} + \frac{9}{100}$

(E) $\frac{100}{100} + \frac{9}{100}$

5 Cierto número tiene dos lugares decimales. Es 1 cuando se redondea al número entero más cercano. ¿Cuál podría ser ese número?
Elige los **tres** resultados correctos.

(A) 1.19

(B) 1.24

(C) 1.48

(D) 1.59

(E) 1.67

(F) 1.88

Sección B Preguntas de respuesta corta

6 Usa los dígitos 0, 1, 5 y 3 una sola vez para formar el decimal más grande con dos lugares decimales. (El dígito 0 no puede estar en el último lugar del decimal). Explica cómo obtuviste tu resultado.

Muestra el proceso y escribe tu respuesta en el siguiente espacio en blanco.

7 ¿Cuál es el número que falta?

$\frac{3}{10} + \frac{7}{100} = \frac{\quad}{100}$

Escribe tu resultado en la cuadrícula de respuestas.

⊙	⊙	⊙	⊙	⊙	⊙
⓪	⓪	⓪	⓪	⓪	⓪
①	①	①	①	①	①
②	②	②	②	②	②
③	③	③	③	③	③
④	④	④	④	④	④
⑤	⑤	⑤	⑤	⑤	⑤
⑥	⑥	⑥	⑥	⑥	⑥
⑦	⑦	⑦	⑦	⑦	⑦
⑧	⑧	⑧	⑧	⑧	⑧
⑨	⑨	⑨	⑨	⑨	⑨

8 Halla un patrón. ¿Cuál es el decimal faltante?

7.21   7.22   7.23   7.24   ______   7.26   7.27

Escribe tu resultado en la cuadrícula de respuestas.

⊙	⊙	⊙	⊙	⊙	⊙
⓪	⓪	⓪	⓪	⓪	⓪
①	①	①	①	①	①
②	②	②	②	②	②
③	③	③	③	③	③
④	④	④	④	④	④
⑤	⑤	⑤	⑤	⑤	⑤
⑥	⑥	⑥	⑥	⑥	⑥
⑦	⑦	⑦	⑦	⑦	⑦
⑧	⑧	⑧	⑧	⑧	⑧
⑨	⑨	⑨	⑨	⑨	⑨

9 ¿Cuál letra muestra la ubicación correcta de 63.8 en la recta numérica? Explica cómo obtuviste tu resultado.

Muestra el proceso y escribe tu respuesta en el siguiente espacio en blanco.

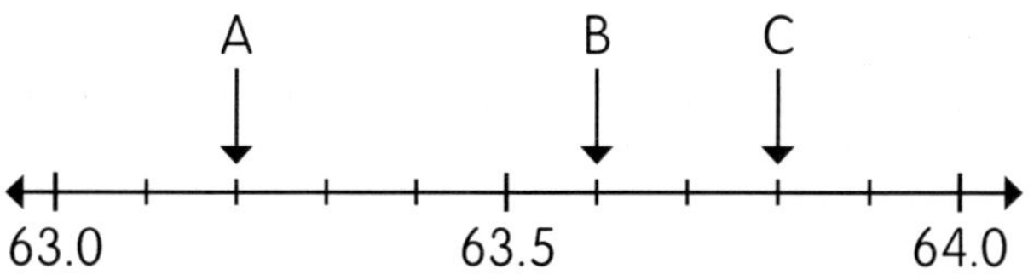

10 ¿Qué es 0.32 como fracción en su mínima expresión?

Muestra el proceso y escribe tu respuesta en el siguiente espacio en blanco.

Sección C   Respuesta elaborada

11 El Sr. Sanchez les pidió a sus alumnos que adivinaran un decimal en el que estaba pensando.
Les dio algunas pistas.

☐ ☐ . ☐ ☐

Pistas:

A Los dígitos 0, 1 y 2 no se usan en el decimal.

B El dígito en el lugar de los centésimos es el mayor dígito que es par.

C El dígito en el lugar de las unidades es 1 más que el dígito en la posición de los décimos.

D El dígito en el lugar de los centésimos es el doble del dígito en el lugar de las decenas.

E El dígito en el lugar de los décimos es 5.

Halla el decimal.
Muestra el proceso y escribe tu respuesta en el siguiente espacio en blanco.

12 La cuerda A tiene 0.6 metros de longitud. La cuerda B tiene 0.21 metros de longitud. Vijay escribe una comparación entre 0.6 y 0.21.

$0.6 < 0.21$

Vijay dice que la cuerda B es más grande que la cuerda A porque 21 es mayor que 6. Explica el error de Vijay.

Muestra el proceso y escribe tu respuesta en el siguiente espacio en blanco.

Nombre: ________________________________ Fecha: ____________

Guía de evaluación
Repaso acumulativo 2

Sección A Preguntas de opción múltiple

1 ¿Cuál de los siguientes es igual a $6 \times \frac{2}{3}$?
Elige las **dos** respuestas correctas.

(A) 4

(B) $\frac{24}{3}$

(C) $12 \times \frac{3}{2}$

(D) $6 \times 2 \times \frac{2}{3}$

(E) $\frac{2}{3} + \frac{2}{3} + \frac{2}{3} + \frac{2}{3} + \frac{2}{3} + \frac{2}{3}$

2 ¿Cuántas mitades hay en $5\frac{1}{2}$?

(A) 7

(B) 8

(C) 10

(D) 11

3 ¿Cuál es el valor de $4\frac{5}{6} - 2\frac{1}{6}$?

(A) $4\frac{1}{6}$

(B) $2\frac{5}{6}$

(C) $2\frac{1}{6}$

(D) $2\frac{2}{3}$

4. ¿Cuáles son los números enteros que faltan?

$\square\frac{3}{4} - \square = 2\frac{1}{4}$

(A) 4; 2

(B) 5; 2

(C) 6; 4

(D) 7; 3

5. ¿Cuál es el valor de $1\frac{1}{3} + 5\frac{1}{3}$?

(A) $1\frac{2}{3}$

(B) $5\frac{2}{3}$

(C) $6\frac{1}{3}$

(D) $6\frac{2}{3}$

6. ¿Cuánto es $10\frac{1}{5}$ como decimal?

(A) 1.01

(B) 2.2

(C) 10.1

(D) 10.2

7. Observa 13.08. ¿Cuánto es 0.05 menos que el valor del dígito en el lugar de los centésimos?

(A) 0.95

(B) 2.95

(C) 9.95

(D) 0.03

8. ¿Cuál es 10 dólares y 8 centavos en forma decimal?

(A) $1.08

(B) $1.80

(C) $10.08

(D) $10.80

9. ¿Cuáles números o expresiones tienen el mismo valor que 163 centésimos? Elige los **dos** resultados correctos.

(A) 0.16

(B) 1.6

(C) 1 + 0.6 + 0.03

(D) una decena seis unidades tres décimos

(E) dieciséis décimos tres centésimos

10 ¿Cuál es 7.25 como número mixto en su mínima expresión?

(A) $7\frac{25}{100}$

(B) $7\frac{5}{20}$

(C) $7\frac{1}{5}$

(D) $7\frac{1}{4}$

Sección B Preguntas de respuesta corta

11 ¿Cuánto es 0.3 menos que 35.68?

Escribe tu resultado en la cuadrícula de respuestas.

⊙	⊙	⊙	⊙	⊙	⊙
⓪	⓪	⓪	⓪	⓪	⓪
①	①	①	①	①	①
②	②	②	②	②	②
③	③	③	③	③	③
④	④	④	④	④	④
⑤	⑤	⑤	⑤	⑤	⑤
⑥	⑥	⑥	⑥	⑥	⑥
⑦	⑦	⑦	⑦	⑦	⑦
⑧	⑧	⑧	⑧	⑧	⑧
⑨	⑨	⑨	⑨	⑨	⑨

12 Usa los dígitos 0, 6, 3, 7, y 5 solo una vez para formar el decimal menor con dos lugares decimales. (El dígito 0 no puede estar en el primer lugar del decimal).

Explica cómo obtuviste tu respuesta.
Muestra el proceso y escribe tu respuesta en el siguiente espacio en blanco.

13 Halla un patrón. ¿Cuál es el decimal faltante?

7.5 7.3 7.1 ______ 6.7 6.5 6.3

Escribe tu resultado en la cuadrícula de respuestas.

•	•	•	•	•	•
0	0	0	0	0	0
1	1	1	1	1	1
2	2	2	2	2	2
3	3	3	3	3	3
4	4	4	4	4	4
5	5	5	5	5	5
6	6	6	6	6	6
7	7	7	7	7	7
8	8	8	8	8	8
9	9	9	9	9	9

14 ¿Cuánto es 71.55 cuando se redondea al décimo más cercano?

Escribe tu resultado en la cuadrícula de respuestas.

•	•	•	•	•	•
0	0	0	0	0	0
1	1	1	1	1	1
2	2	2	2	2	2
3	3	3	3	3	3
4	4	4	4	4	4
5	5	5	5	5	5
6	6	6	6	6	6
7	7	7	7	7	7
8	8	8	8	8	8
9	9	9	9	9	9

15 ¿Cuál es el número faltante?

$\frac{4}{12} = \frac{1}{\square}$

Escribe tu resultado en la cuadrícula de respuestas.

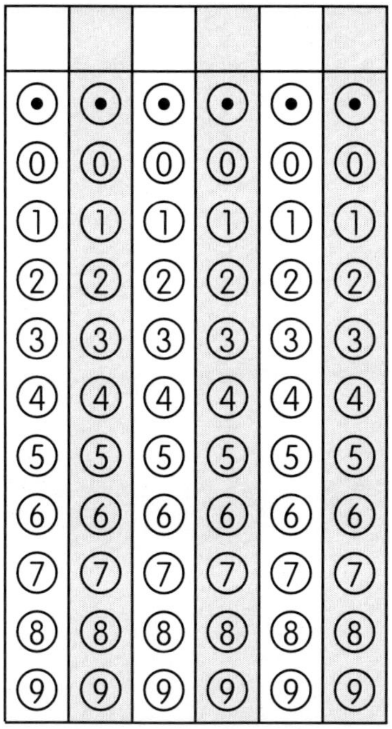

16 Compara los decimales. Escribe < o >.

1.23 ◯ 1.3

17 Había $15\frac{1}{5}$ litros de agua en un tanque. Luke usó $10\frac{3}{5}$ litros de agua para lavar el automóvil de la familia. Necesitó $4\frac{2}{5}$ litros de agua para regar las plantas después.

¿Tuvo suficiente agua Luke para regar las plantas? Explica.

Muestra el proceso y escribe tu respuesta en el siguiente espacio en blanco.

18 Esta pregunta tiene tres partes.

Parte A

Tiana tiene una cinta morada y una cinta verde. Tiene $\frac{1}{5}$ metros de cinta morada y $\frac{3}{5}$ metros de cinta verde. ¿Cuánta cinta tiene Tiana en total?

Muestra el proceso y escribe tu respuesta en el siguiente espacio en blanco.

Parte B

Ana da a Tiana $\frac{2}{5}$ metros de cinta azul. ¿Cuánta más cinta verde que cinta azul tiene Tiana?

Muestra el proceso y escribe tu respuesta en el siguiente espacio en blanco.

Parte C

Después de dar a Mariah $\frac{1}{5}$ metros de cinta roja, a Ana le quedan $\frac{2}{5}$ metros de cinta roja. ¿Cuánta cinta roja tenía Ana al principio?

Muestra el proceso y escribe tu respuesta en el siguiente espacio en blanco.

Sección C Respuesta elaborada

19 Carla tiene 0.3 metros de cuerda. David tiene $\frac{15}{100}$ metros de cuerda. David le dice a Carla que su cuerda es más larga porque 15 es más grande que 3. Explica el error de David.

Muestra el proceso y escribe tu respuesta en el siguiente espacio en blanco.

20 Jackson jugó un juego numérico con sus amigos. Pensó en un número y escribió algunas pistas.

Pistas:

(A) El número es menor que 7 y tiene 2 lugares decimales.

(B) El número se convierte en 7 si se redondea al número entero más cercano.

(C) El dígito en el lugar de los décimos es un número par.

(D) El dígito en el lugar de los centésimos es el mayor número de 1 dígito impar.

(E) Ninguno de los dígitos se repite.

¿En qué número pensó Jackson? Explica cómo obtuviste tu respuesta.

Muestra el proceso y escribe tu respuesta en el siguiente espacio en blanco.

21 Un rectángulo se divide en 12 partes iguales. Zachary dice que tiene que colorear 8 partes más para que $\frac{2}{3}$ del rectángulo quede coloreado.

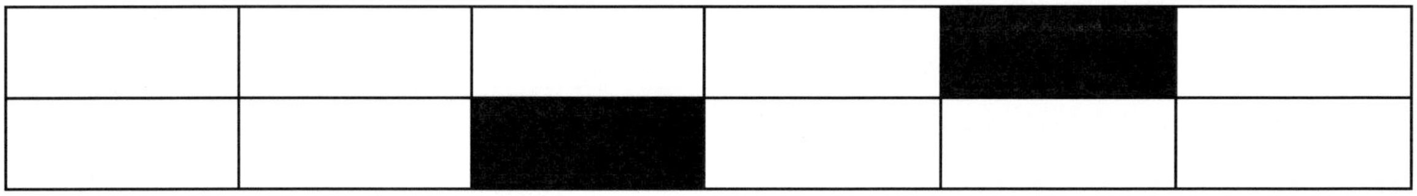

- Explica el error de Zachary.
- ¿Cuántas partes más debe colorear Zachary?
- Explica cómo obtuviste tu respuesta.

Muestra el proceso y escribe tu resultado en el siguiente espacio en blanco.

Nombre: ______________________________ Fecha: ______________

Guía de evaluación
Conversión de medidas

Sección A Preguntas de opción múltiple

1. ¿Cuánto es 2 pies 3 pulgadas en pulgadas?
   - (A) 15 pulgadas
   - (B) 23 pulgadas
   - (C) 24 pulgadas
   - (D) 27 pulgadas

2. ¿Cuál comparación es correcta?
   - (A) 2 pintas = 2 tazas
   - (B) 2 pies < 20 pulgadas
   - (C) 3 yardas > 8 pies
   - (D) 4 cuartos > 2 galones

3. ¿Cuánto es 5 minutos en segundos?
   - (A) 50 segundos
   - (B) 60 segundos
   - (C) 100 segundos
   - (D) 300 segundos

4. Ariana tiene 4 libras 3 onzas de harina. Su vecina le presta otras dos libras de harina. ¿Cuánta harina, en onzas, tiene Ariana en total?

(A) 35 onzas
(B) 43 onzas
(C) 67 onzas
(D) 99 onzas

5. La Sra. Smith hizo 8 bolsas. Usó $\frac{7}{10}$ de yarda de tela para hacer cada bolsa. ¿Cuánta tela, en yardas, usó la Sra. Smith para hacer las 8 bolsas?

(A) $2\frac{4}{5}$ yardas
(B) $5\frac{3}{5}$ yardas
(C) $7\frac{4}{5}$ yardas
(D) $8\frac{7}{10}$ yardas

Sección B Preguntas de respuesta corta

6. Escribe 5 tazas en liquidas fluidas.

   Muestra el proceso y escribe tu respuesta en el espacio en blanco.

7. Escribe 42 cuartos 3 pintas en pintas.

   Muestra el proceso y escribe tu respuesta en el espacio en blanco.

8. Escribe 2 kilómetros 50 metros en metros.

   Muestra el proceso y escribe tu respuesta en el espacio en blanco.

9 Taylor mide la longitud de dos cintas, la cinta A y la cinta B. La longitud de la cinta A mide 2 pies. La longitud de la cinta B mide 28 pulgadas. ¿Cuál cinta es más corta? Explica tu respuesta.

Escribe tu respuesta y explicación en el espacio en blanco.

10 Alex compró 4 manzanas. Cada manzana medía $\frac{1}{4}$ de libra. También compró una sandía que pesaba 3 libras. ¿Cuál era el peso total de la fruta que compró Alex?

Muestra el proceso y escribe tu respuesta en el espacio en blanco.

Sección C   Respuesta elaborada

11. Brian quería ver un programa a las 9:00 p.m. en casa. Salió de su oficina a las 6:50 p.m.
Caminó durante 15 minutos hasta la estación de trenes.
Luego pasó 1 hora 5 minutos en el tren antes de caminar otros 20 minutos hasta su casa.

¿Llegó Brian a casa a tiempo para ver su programa? Explica tu respuesta.

Escribe tu respuesta y tu proceso o explicación en el espacio en blanco.

12 Hay 40 pintas de agua en el tanque A. Hay 28 cuartos de agua en el tanque B.
Kyle dice que el tanque A contiene más agua que el tanque B porque 40 es mayor que 28.
¿Estás de acuerdo con Kyle? Explica tu respuesta.

Escribe tu respuesta y tu proceso o explicación en el espacio en blanco.

Nombre: ______________________________ Fecha: ______________

Guía de evaluación
Área y perímetro

Sección A Preguntas de opción múltiple

1 La longitud de un lado de un cuadrado mide 4 pulgadas.
¿Cuál es el perímetro del cuadrado?

(A) 4 pulgadas
(B) 8 pulgadas
(C) 16 pulgadas
(D) 36 pulgadas

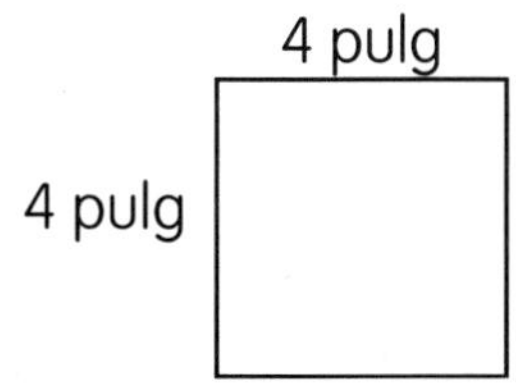

2 El perímetro de un rectángulo mide 24 metros. La longitud mide 8 metros.
¿Cuál es el ancho del rectángulo?

(A) 4 metros
(B) 8 metros
(C) 12 metros
(D) 16 metros

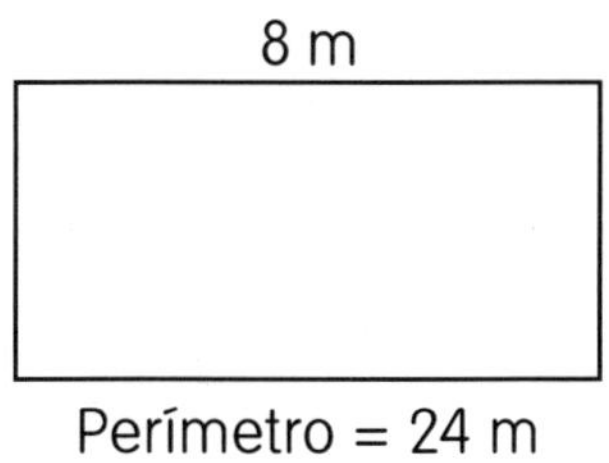

3 ¿Cuál es el perímetro de la figura?

(A) 27 yardas
(B) 39 yardas
(C) 42 yardas
(D) 54 yardas

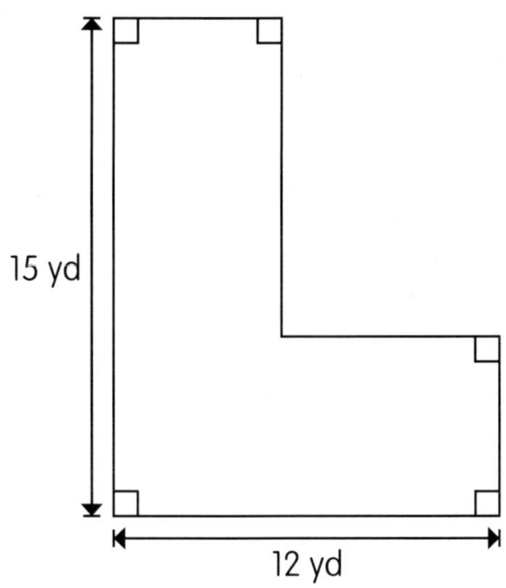

4. El cuadrado de abajo se forma cuando la longitud de un rectángulo se acorta 1 milla y el ancho se alarga 3 millas. ¿Cuál es el área del rectángulo original?

(A) 4 millas cuadradas
(B) 24 millas cuadradas
(C) 32 millas cuadradas
(D) 80 millas cuadradas

Perímetro = 28 mi

5. La figura está formada por tres cuadrados idénticos y tiene un perímetro de 40 yardas. ¿Cuál es el área de un cuadrado?

(A) 10 yardas cuadradas
(B) 25 yardas cuadradas
(C) 40 yardas cuadradas
(D) 56 yardas cuadradas

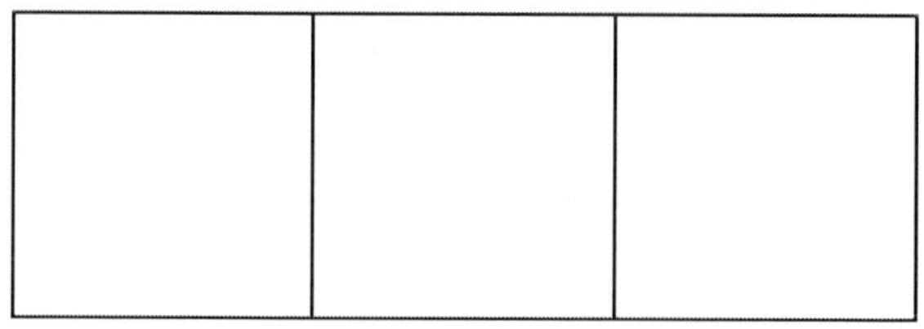

Sección B Preguntas de respuesta corta

6 Halla el área de las partes sombreadas de la figura.

Muestra el proceso y escribe tu respuesta en el espacio en blanco.

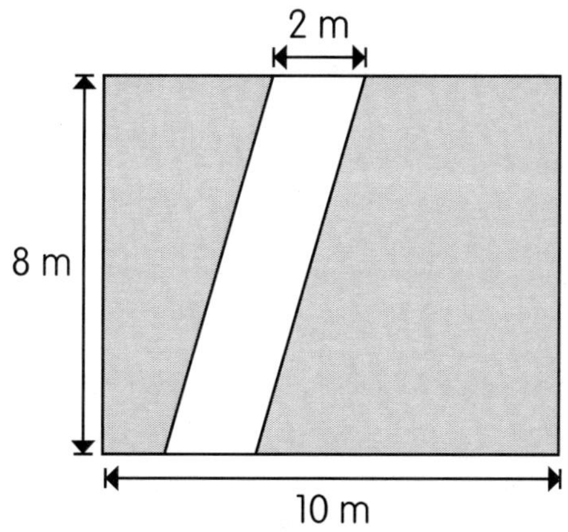

7 Michael dobló un alambre de 40 pulgadas para formar un cuadrado. ¿Cuál es el área dentro del cuadrado?

Muestra el proceso y escribe tu respuesta en el espacio en blanco.

8 Halla el área y el perímetro de la figura.

Muestra el proceso y escribe tu respuesta en el espacio en blanco.

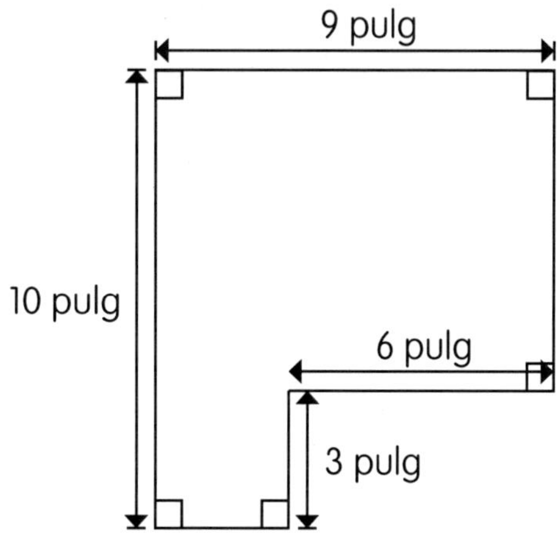

9. Un estanque rectangular está rodeado de un césped de 2 metros de ancho como se muestra en el diagrama. Halla el área del césped.

Muestra el proceso y escribe tu respuesta en el espacio en blanco.

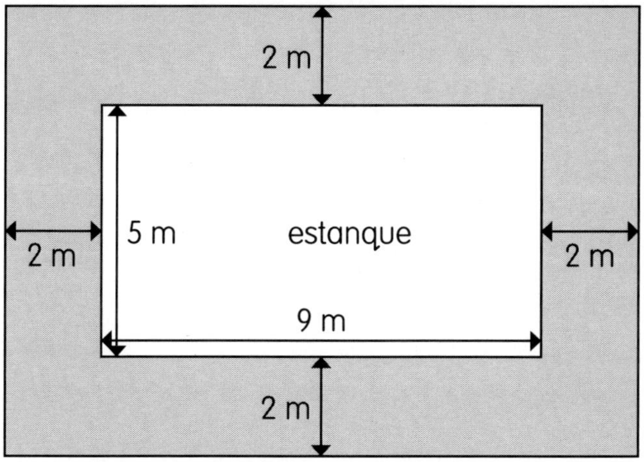

10 Thomas diseña un collage de fotografías como se muestra a continuación. Su diseño está formado por una fotografía grande y cuadrada y 3 fotografías cuadradas más pequeñas. El área del collage mide 192 pulgadas cuadradas. ¿Cuál es la longitud del lado de la fotografía más pequeña?

Muestra el proceso y escribe tu respuesta en el espacio en blanco.

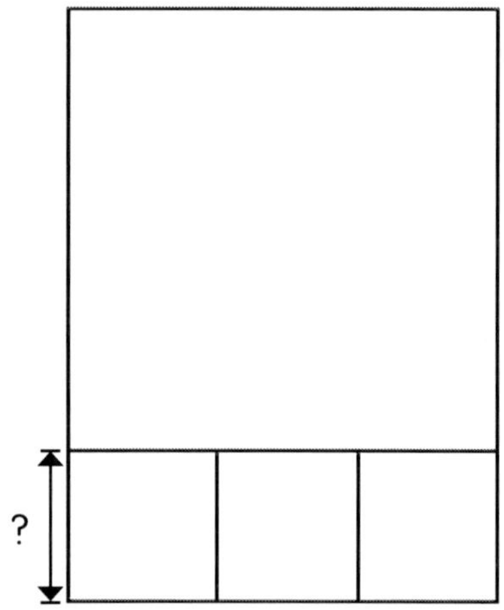

Sección C Respuesta elaborada

11 Sean calculó el área y el perímetro de las siguientes figuras.

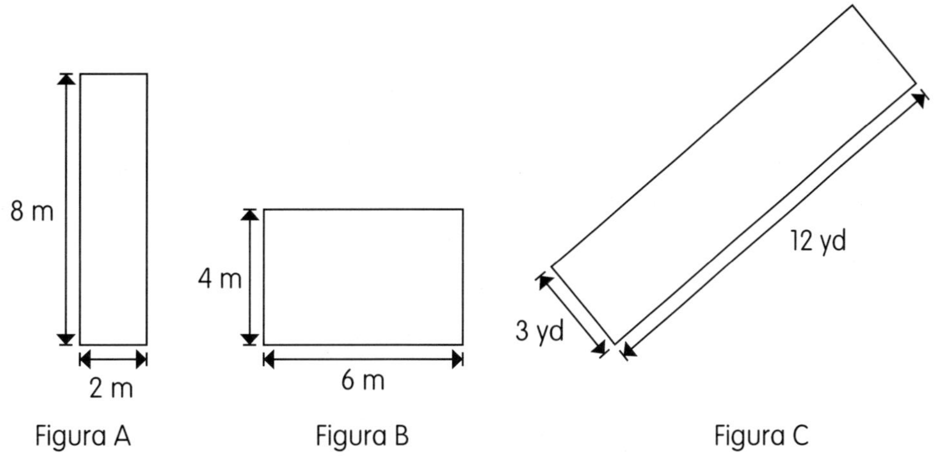

Figura	Longitud	Ancho	Perímetro	Área
A	8 m	2 m	20 m	16 m
B	6 m	4 m	20 m	24 cm^2
C	12 yd	3 yd	36 yd	30 yd^2

Los errores de Sean están encerrados en círculos.

- Explica los errores de Sean.
- ¿Cuáles deberían ser las respuestas correctas?
- Explica cómo llegaste a tus respuestas.

Escribe tus respuestas y el proceso o explicación en el espacio en blanco.

12 John tenía la tarea de acomodar tantos cuadrados como pudiera, cada uno con una medida de 2 por 2 centímetros, dentro de un rectángulo que mide 12 centímetros por 8 centímetros.

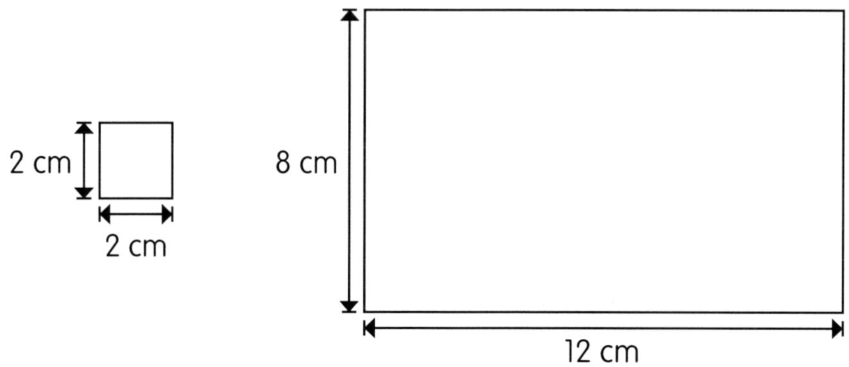

John dijo que cabrían 24 cuadrados en el rectángulo.

- ¿John estaba en lo correcto?
- Explica cómo llegaste a tu respuesta.

Escribe tu respuesta y el proceso o explicación en el espacio en blanco.

Nombre: ____________________ Fecha: ____________

Guía de evaluación
Repaso acumulativo 3

Sección A Preguntas de opción múltiple

1. ¿Cuánto es 2 toneladas 500 libras en libras?
   (A) 2,000 libras
   (B) 2,500 libras
   (C) 4,000 libras
   (D) 4,500 libras

2. ¿Cuál comparación es correcta?
   (A) 2 libras < 20 onzas
   (B) 2 kilómetros = 2,000 metros
   (C) 3 pintas = 3 tazas
   (D) 5 cuartos > 2 galones

3. Tyler tardó 7 minutos en terminar una carrera. James tardó 467 segundos en terminar la misma carrera. ¿Quién terminó más rápido y por cuántos segundos?
   (A) Tyler, 47 segundos
   (B) James, 47 segundos
   (C) James, 100 segundos
   (D) Tyler, 420 segundos

4 ¿Cuánto es 1 yarda 3 pies en pies?

(A) 3 pies
(B) 4 pies
(C) 6 pies
(D) 13 pies

5 La Sra. Roberts hizo un poco de ponche de frutas mezclando 2 cuartos de jugo de manzana, $1\frac{1}{2}$ cuartos de jugo de naranja y 3 cuartos de jugo de uva. Sirvió 6 cuartos del ponche de frutas a sus invitados.

¿Cuál de las siguientes cantidades representa el ponche de frutas que **no** le sirvió a los invitados?

Elige las **tres** respuestas correctas.

(A) $\frac{1}{2}$ cuarto
(B) $\frac{1}{2}$ pinta
(C) 2 tazas
(D) 16 onzas fluidas
(E) $\frac{1}{4}$ galón

6 La longitud del lado de un cuadrado mide 6 pies. ¿Cuál es el perímetro del cuadrado?

(A) 6 pies
(B) 12 pies
(C) 24 pies
(D) 36 pies

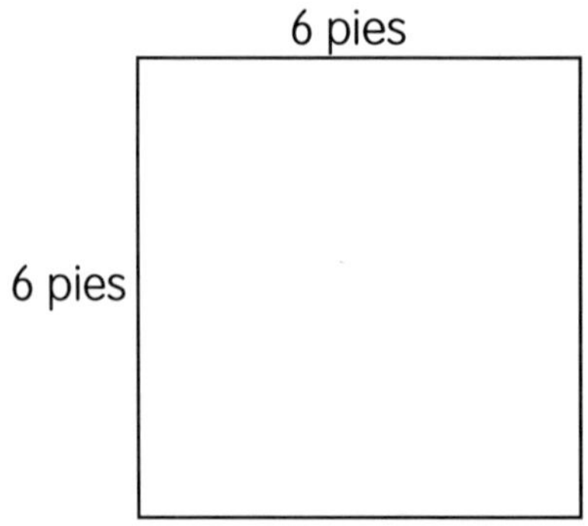

7 El ancho de un rectángulo es la mitad de su longitud. El ancho y la longitud del rectángulo son números enteros mayores que 2 y menores que 10. ¿Cuál podría ser el área del rectángulo?
Elige las **dos** posibles respuestas.

(A) 8 metros cuadrados
(B) 16 metros cuadrados
(C) 18 metros cuadrados
(D) 32 metros cuadrados
(E) 50 metros cuadrados

8 ¿Cuál es el perímetro de la figura?

(A) 64 pulgadas
(B) 60 pulgadas
(C) 44 pulgadas
(D) 32 pulgadas

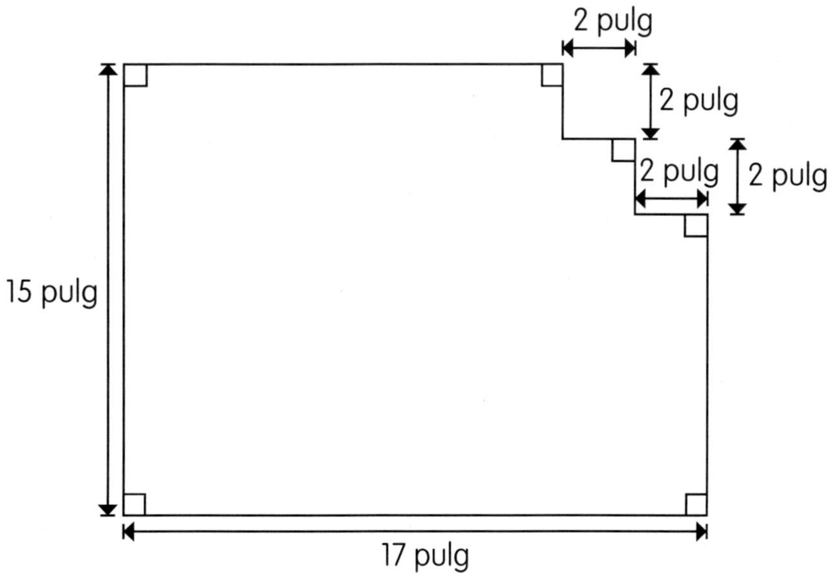

9 El perímetro de un cuadrado mide 32 metros. ¿Cuál es su área?

Ⓐ 16 metros cuadrados

Ⓑ 32 metros cuadrados

Ⓒ 64 metros cuadrados

Ⓓ 256 metros cuadrados

Perimeter = 32 m

10 La longitud de un rectángulo mide 8 yardas. El ancho del rectángulo mide 6 yardas. ¿Cuál es el área del rectángulo?

Ⓐ 12 yardas cuadradas

Ⓑ 16 yardas cuadradas

Ⓒ 24 yardas cuadradas

Ⓓ 48 yardas cuadradas

6 yd

8 yd

Sección B Preguntas de respuesta corta

11. Compara usando <, >, o =.

    55 segundos ◯ 1 minuto

12. Compara usando <, >, o =.

    1 milla ◯ 1,700 yardas

13. Escribe 2 yardas en pulgadas.

    Muestra el proceso y escribe tu respuesta en el espacio en blanco.

14 Escribe 3 kilómetros 8 metros en metros.

Muestra el proceso y escribe tu respuesta en el espacio en blanco.

15 Michelle tiene un tanque de agua con capacidad de 5 galones de agua. Drena 10 pintas de agua. ¿Cuántas pintas de agua quedan en el tanque de agua?

Muestra el proceso y escribe tu respuesta en el espacio en blanco.

16 Zane compró 8 naranjas y una piña. El peso de cada naranja era $\frac{1}{4}$ de libra. El peso de la piña era 2 libras. Halla el peso total, en onzas, de las frutas que compró Zane.

Muestra el proceso y escribe tu respuesta en el espacio en blanco.

17 Halla el área de las partes sombreadas de la figura.

Muestra el proceso y escribe tu respuesta en el espacio en blanco.

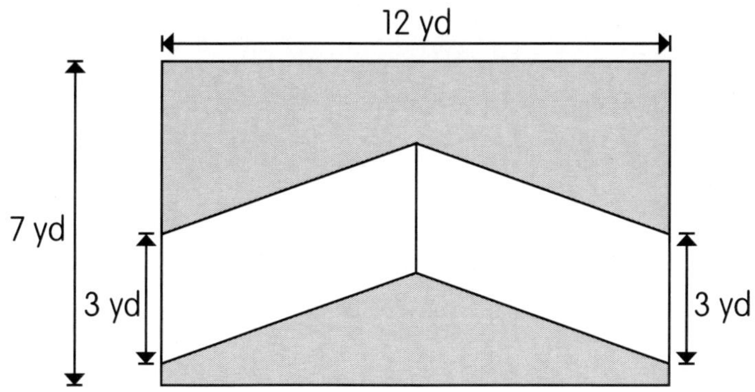

18 Halla el perímetro de la figura.

Muestra el proceso y escribe tu respuesta en el espacio en blanco.

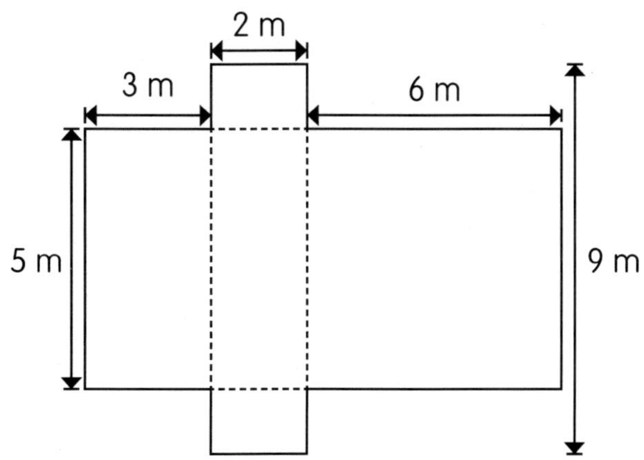

19 Chloe dice que el área de un cuadrado con una longitud de lado de 10 pulgadas es mayor que el área de un cuadrado con una longitud de lado de 1 pie. Dice que esto es porque 10 es mayor que 1.

Explica el error de Chloe.

Muestra el proceso y escribe tu respuesta en el espacio en blanco.

20 Halla el área de la figura.

Muestra el proceso y escribe tu respuesta en el espacio en blanco.

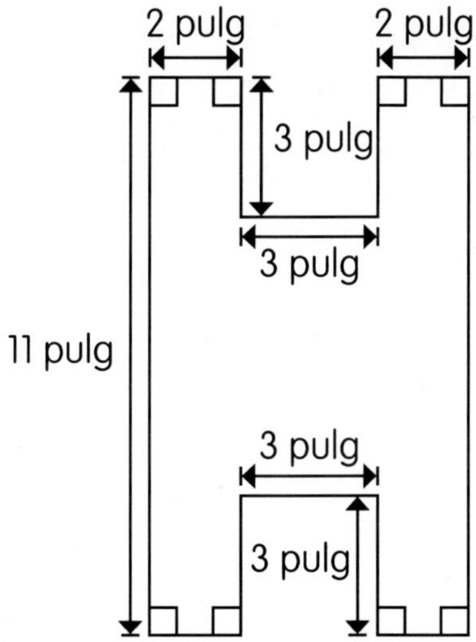

Sección C Respuesta elaborada

21 Un avión salió de la ciudad A hacia la Ciudad B. Cuando eran las 1200 en la ciudad A, eran las 1100 en la ciudad B. El vuelo duró 3 horas 20 minutos. Cuando el avión aterrizó en la ciudad B, el reloj del aeropuerto marcaba 1430. ¿Cuál era la hora en la ciudad A cuando el avión despegó?

Escribe tu respuesta y el proceso o explicación en el espacio en blanco.

22 Tyler tenía dos pedazos de papel rectangulares idénticos que se traslapaban como se muestra. El área donde se traslapaban medía 5 pulg². ¿Cuál era el área de las partes que no estaban traslapadas?

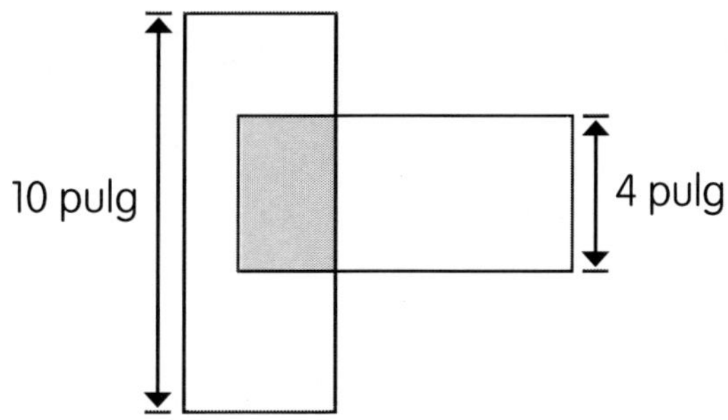

Escribe tu respuesta y el proceso o explicación en el espacio en blanco.

23 Iván tenía que colocar unas baldosas que medían 2 pies por 2 pies cada una en una habitación. El piso rectangular de la habitación medía 8 yardas por 5 yardas.

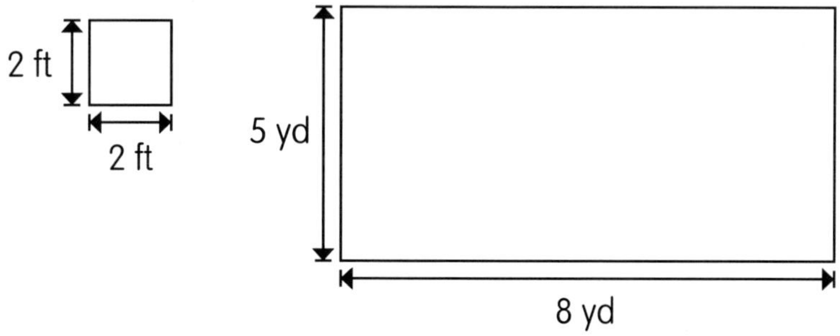

- ¿Cuántas baldosas caben en el piso?
- ¿Cuál es el área del piso que quedaría sin cubrir?

Escribe tu respuesta y el proceso o explicación en el espacio en blanco.

Nombre: ______________________________ Fecha: ______________

Guía de evaluación
Ángulos y segmentos

Sección A Preguntas de opción múltiple

1 ¿De qué otra forma se le puede llamar a $\angle ACD$?

(A) $\angle w$
(B) $\angle x$
(C) $\angle y$
(D) $\angle z$

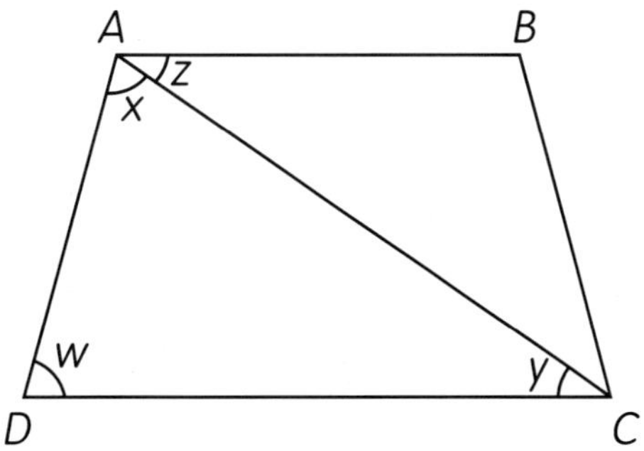

2 ¿ $\angle r$ es un ángulo agudo o un ángulo obtuso? Sin usar un transportador, ¿cuál es probablemente la medida de $\angle r$?

(A) ángulo agudo, 13°
(B) ángulo agudo, 73°
(C) ángulo obtuso, 110°
(D) ángulo obtuso, 155°

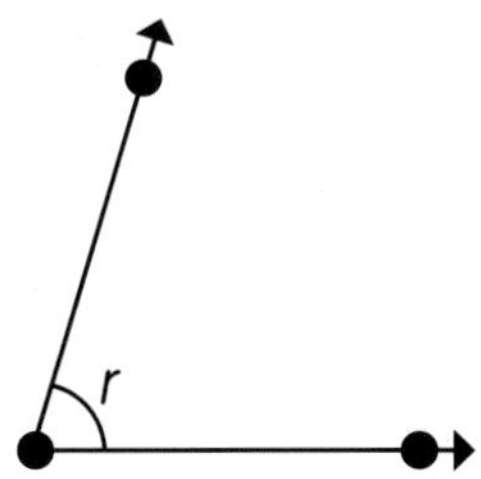

3 ¿Cuál ángulo muestra un giro de $\frac{1}{2}$?

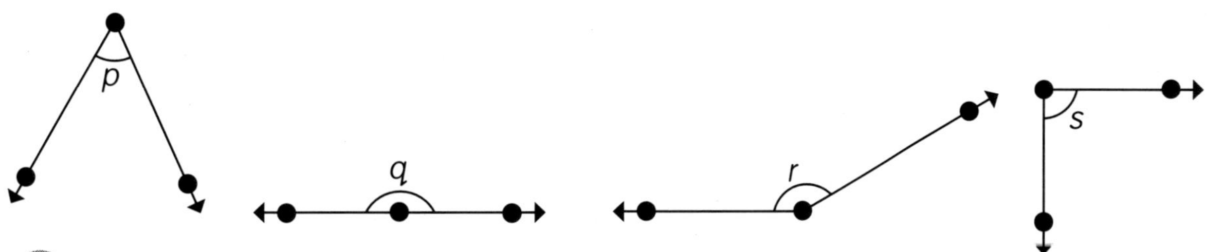

(A) $\angle p$
(B) $\angle q$
(C) $\angle r$
(D) $\angle s$

4 $\angle COD$ es un ángulo recto. ¿Qué ecuación puede usarse para calcular $\angle p$?

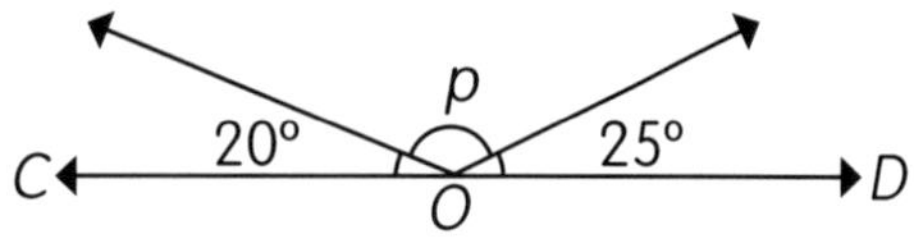

(A) $\angle p = 180° + 25° + 20°$

(B) $\angle p + 25° + 20° = 180°$

(C) $\angle p + 25° = 180° + 20°$

(D) $\angle p + 20° = 180° + 25°$

5 ¿Cuál ángulo mide 75°? Usa un transportador como ayuda.

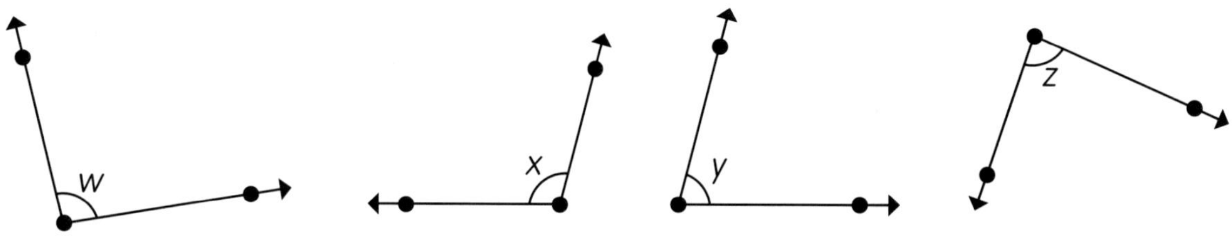

(A) $\angle w$

(B) $\angle x$

(C) $\angle y$

(D) $\angle z$

Sección B Preguntas de respuesta corta

6. *PQRS* es un rectángulo. Encuentra la medida de $\angle p$.

Muestra el proceso y escribe tu respuesta en el espacio en blanco.

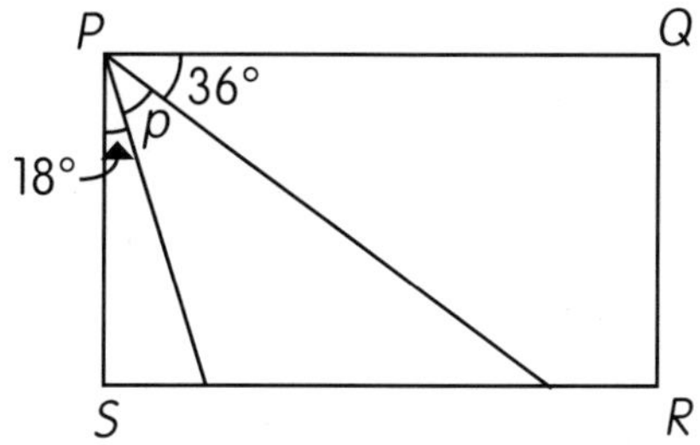

7. La medida de $\angle BOC$ is 130°. Traza y rotula el ángulo.

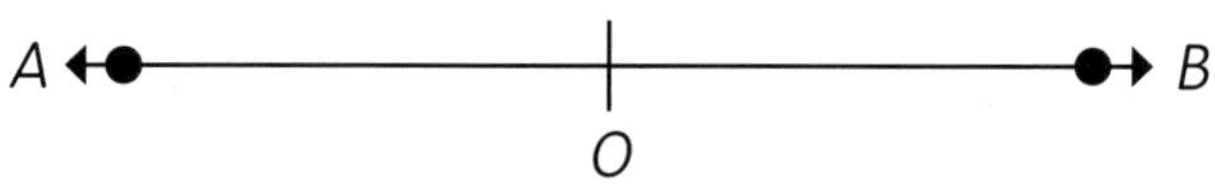

8. Traza un segmento perpendicular al segmento dado a través del punto *A*.

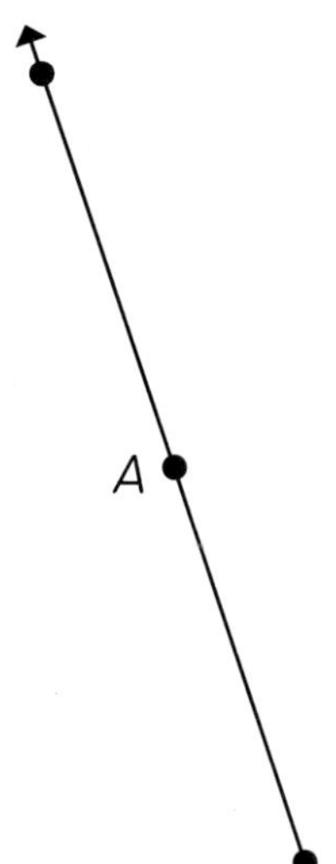

9 ¿Cuánto miden $\angle r$ y $\angle s$? Usa un transportador como ayuda.

Escribe cada respuesta en su espacio en blanco.

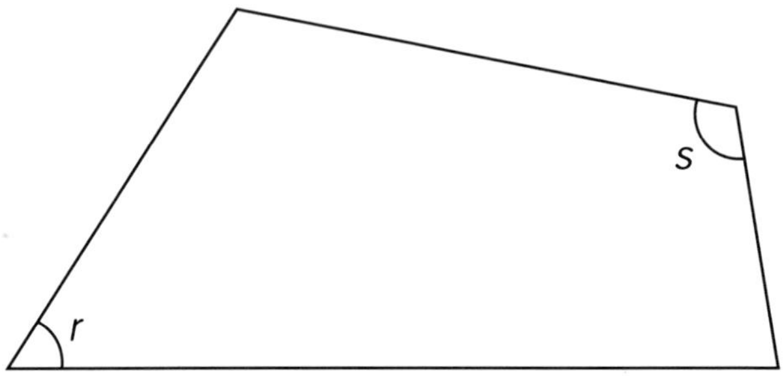

$m\angle r =$ ____________

$m\angle s =$ ____________

10 Traza un segmento paralelo al segmento dado a partir del punto *B*.

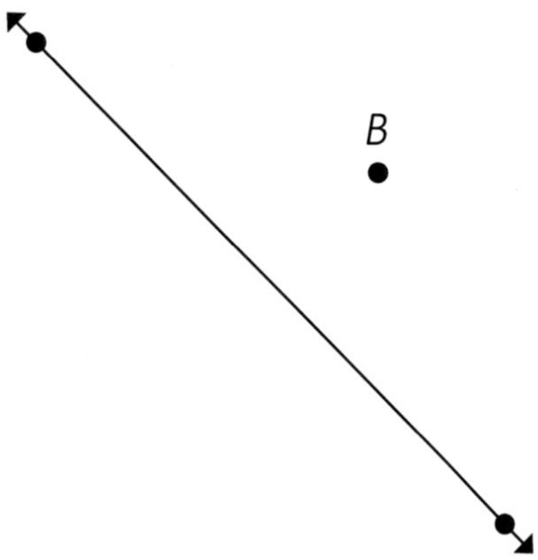

Sección C Respuesta elaborada

11 Blake y John estudian $\angle e$ a continuación. Blake dice que $\angle e$ es un ángulo agudo.
John dice que $\angle e$ es menor a un ángulo recto.

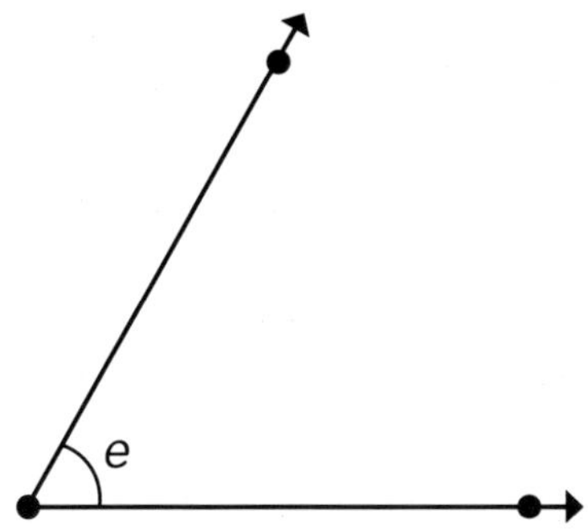

- ¿Es correcto el enunciado de Blake?
- ¿Es correcto el enunciado de John?
- Explica cómo llegaste a tus resultados.

Escribe tus respuestas y tu proceso o explicación en el espacio en blanco.

12 Sara y Olivia estudian $\angle AOB$ a continuación. Sara dice que la medida de $\angle AOB$ es 30°. Olivia dice que la medida de $\angle AOB$ es 150°.

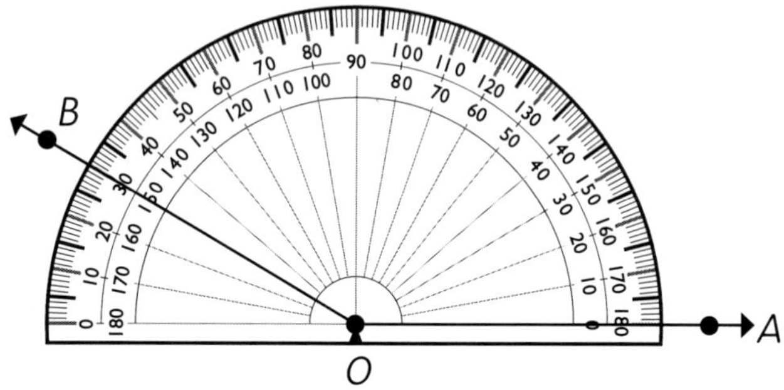

¿Quién se equivocó? Explica.

Escribe tu respuesta y tu proceso o explicación en el espacio en blanco.

Nombre: ______________________________ Fecha: ______________

Prueba del capítulo 8

Guía de evaluación
Polígonos y simetría

Sección A Preguntas de opción múltiple

1. ¿Qué líneas son ejes de simetría en la figura?

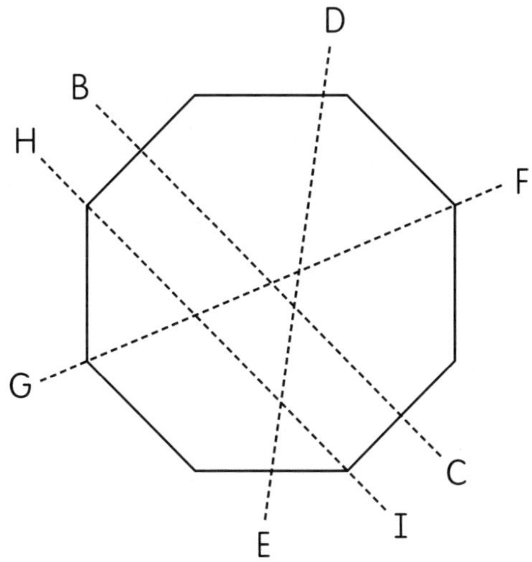

(A) *BC* y *DE*
(B) *BC* y *FG*
(C) *DE* y *HI*
(D) *DE*, *FG* y *HI*

2. ¿Cuál de los siguientes enunciados respecto de los polígonos **no** es correcto?

(A) Un rectángulo tiene cuatro ángulos rectos.
(B) Todos los rombos son paralelogramos.
(C) Todos los triángulos tienen tres ángulos agudos.
(D) Un cuadrado es un rectángulo con cuatro lados iguales.

3 ¿Cuál triángulo es un triángulo acutángulo? Usa un transportador como ayuda.

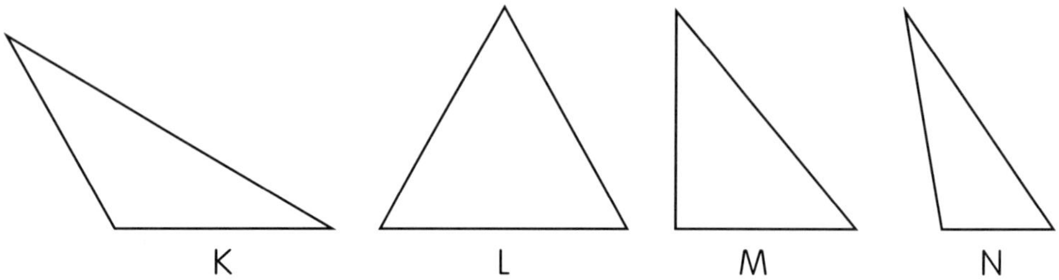

(A) K
(B) L
(C) M
(D) N

4 ¿Cuál figura es simétrica?

(A) P
(B) Q
(C) R
(D) S

5 ¿Cuáles letras no son simétricas?
Escoge los **dos** resultados posibles.

(A) Y
(B) K
(C) S
(D) N
(E) M

Sección B Preguntas de respuesta corta

6 Clasifica los polígonos en dos grupos. Escribe la letra de cada polígono en el grupo correcto.

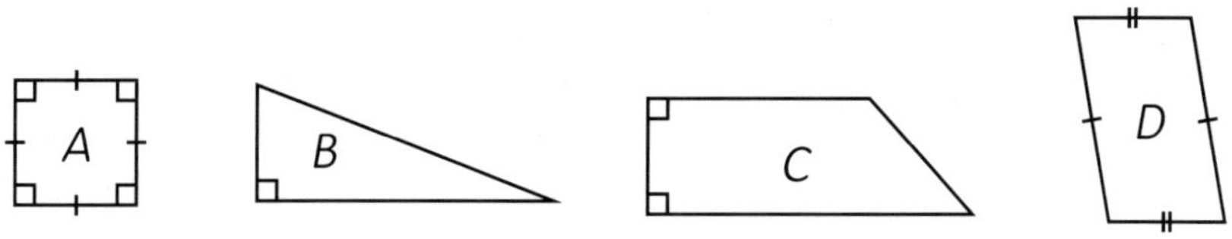

Por lo menos un par de lados iguales	Sin lados iguales

7 Traza el eje de simetría de la figura.

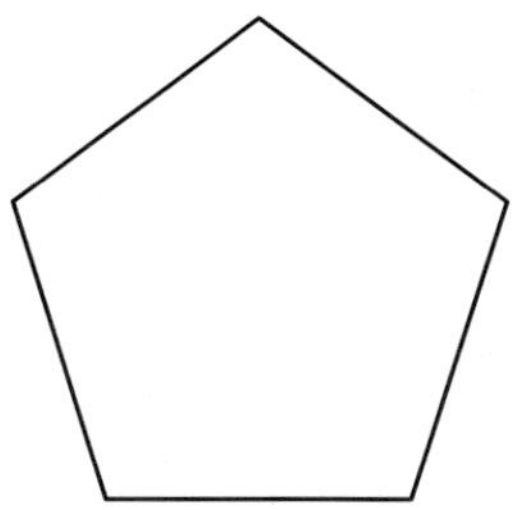

8 La figura muestra la mitad de una figura simétrica. Completa la figura simétrica usando la línea punteada como el eje de simetría.

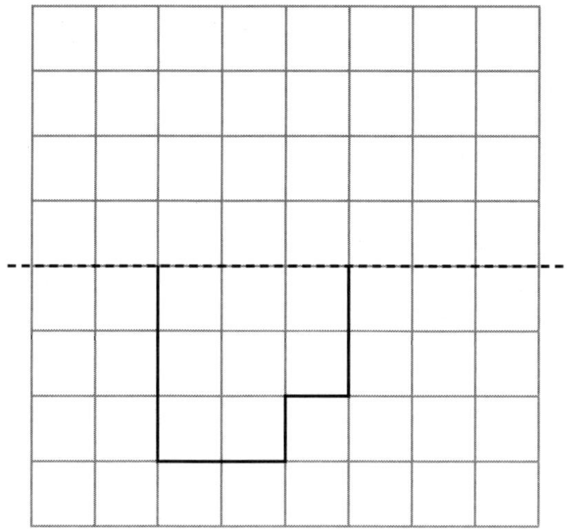

9 La figura muestra la mitad de una figura simétrica. Completa la figura simétrica usando la línea punteada como el eje de simetría.

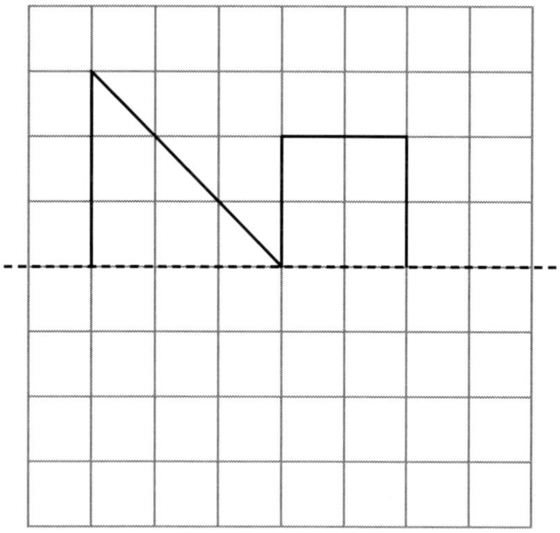

10 La línea punteada en la siguiente figura es un eje de simetría. Colorea los cuadrados correctos para formar un patrón simétrico.

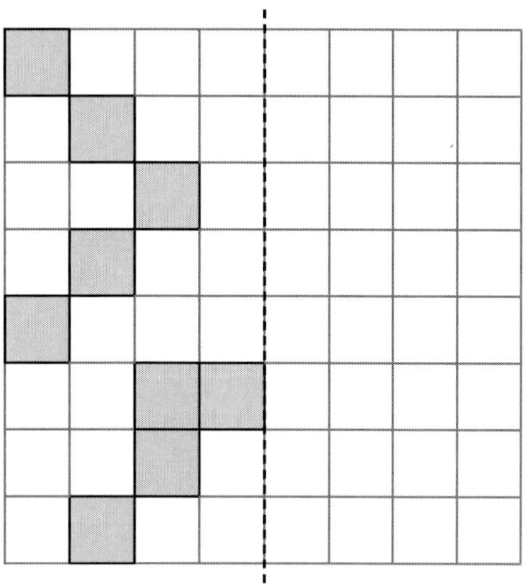

Sección C Respuesta elaborada

11 Jason dice que la siguiente figura es un rectángulo.

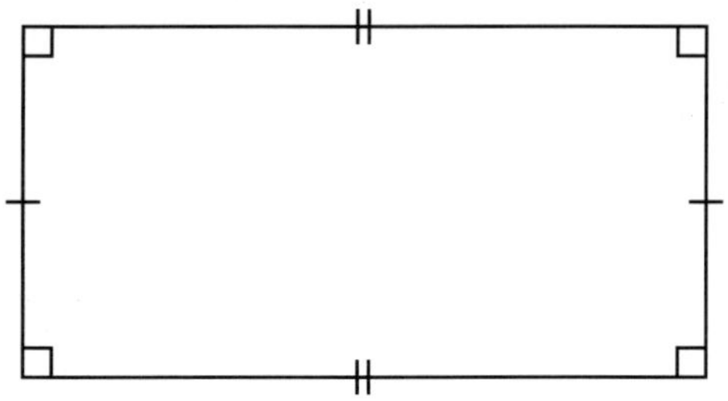

¿Estás de acuerdo con Jason? Explica.

Escribe tu respuesta y tu proceso o explicación en el espacio en blanco.

12 Ava y Jack estudian la siguiente figura. Ava dice que solo hay 2 ejes de simetría. Jack dice que hay 4 ejes de simetría.

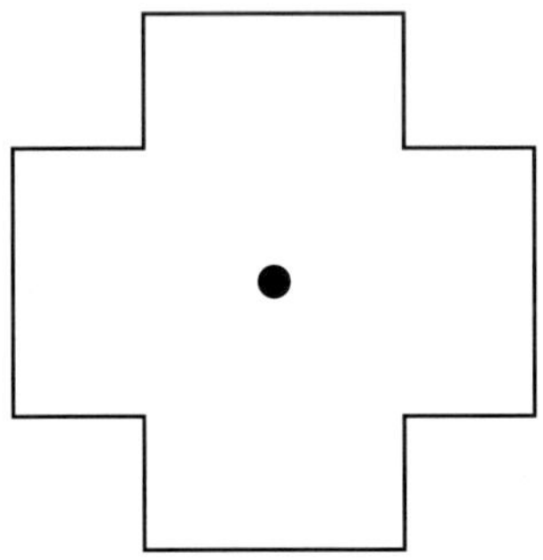

- ¿Quién tiene la respuesta correcta, Ava o Jack?
- Explica cómo obtuviste tu respuesta.

Escribe tu respuesta y tu proceso o explicación en el espacio en blanco.

Nombre: ______________________ Fecha: ____________

Prueba del capítulo 9

Guía de evaluación
Tablas y gráficas lineales

Sección A Preguntas de opción múltiple

1 Esta pregunta tiene dos partes.

La gráfica lineal muestra el número de automóviles vendidos en una semana en particular.

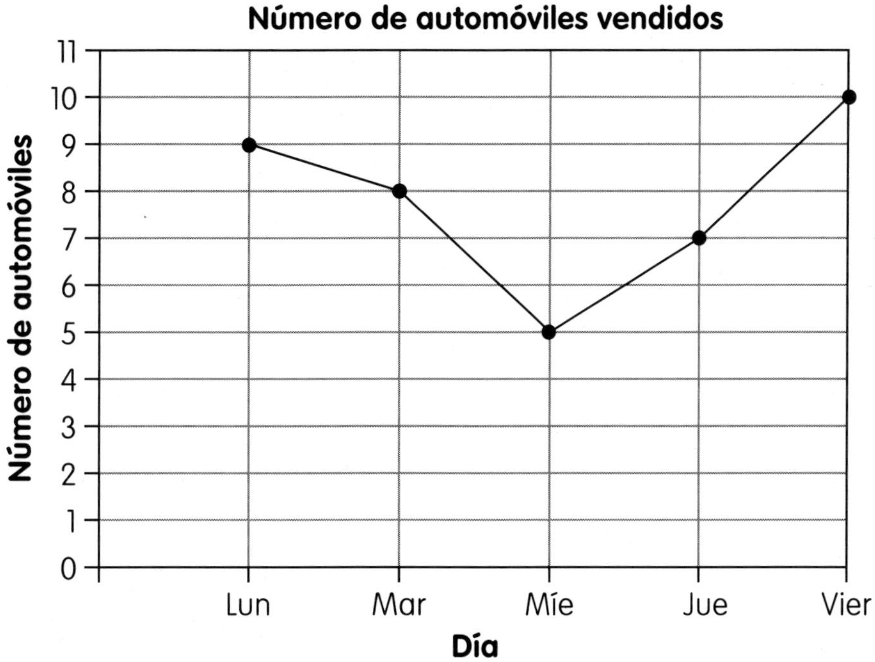

Parte A

¿Cuántos automóviles se vendieron el jueves?

(A) 9

(B) 8

(C) 7

(D) 5

Parte B

¿Cuántos automóviles más se vendieron el viernes que el martes?

(A) 1

(B) 2

(C) 3

(D) 5

2 Esta pregunta tiene tres partes.

La gráfica lineal muestra el número de cámaras vendidas en una semana en particular en una determinada tienda.

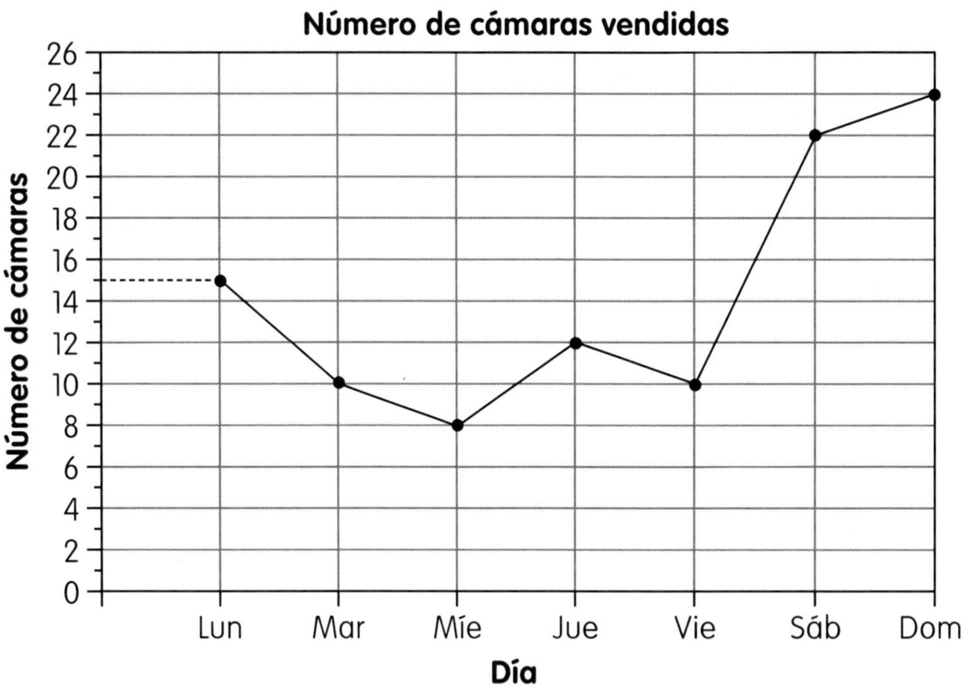

Parte A

¿Cuántas cámaras se vendieron más el jueves que el miércoles?

(A) 2

(B) 4

(C) 7

(D) 20

Parte B

¿En qué dos días el número de cámaras vendidas fue igual?

(A) Martes y viernes

(B) Lunes y jueves

(C) Miércoles y viernes

(D) Sábado y domingo

Parte C

¿Cuál de los siguientes enunciados sobre la gráfica lineal es verdadero?

(A) La diferencia entre la mayor cantidad de ventas y la menor cantidad de ventas es 14 cámaras.

(B) La tienda vendió su cámara 100a de la semana el sábado.

(C) Se vendieron 46 cámaras el sábado y el domingo juntos.

(D) El número de cámaras vendidas el domingo es $\frac{1}{4}$ del número total de cámaras vendidas en la semana.

Sección B Preguntas de respuesta corta

3. Cuenta el número de cada tipo de adhesivo. Utiliza marcas de conteo para registrar los datos.

   Escribe tus respuestas en la siguiente tabla.

Adhesivo	Marcas de conteo

4 La tabla muestra el número de medallas ganadas por distintas escuelas en un evento deportivo. Faltan algunos datos.

Escribe tus respuestas en la siguiente tabla.

Escuela	Bronce	Plata	Oro	Número total
A	20	25	15	60
B	12	14		40
C	15		25	55
D		8	20	
Total		62	74	200

5 La tabla muestra información sobre 30 monedas que Thomas, Álex, Sara y Gavin tienen cada uno.
Faltan algunos datos.

Escribe tus respuestas en la siguiente tabla.

Nombre	Número de monedas de veinticinco centavos.	Valor de las monedas de veinticinco centavos. ($0.25)	Número de monedas de diez centavos	Valor de las monedas de diez centavos ($0.10)	Valor total
Thomas	15	$3.75	15	$1.50	$5.25
Alex	10	$2.50	20	$2.00	$4.50
Sara			12	$1.20	
Gavin	8	$2.00			

6 Esta pregunta tiene dos partes.
La tabla muestra el número de visitantes de un parque de diversiones en seis meses.

Mes	Enero	Febrero	Marzo	Abril	Mayo	Junio
Número de visitantes	2,200	2,000	2,500	2,400	2,000	2,800

Parte A

¿Cuántos visitantes hubo en mayo?

Escribe tu respuesta en la cuadrícula de respuestas.

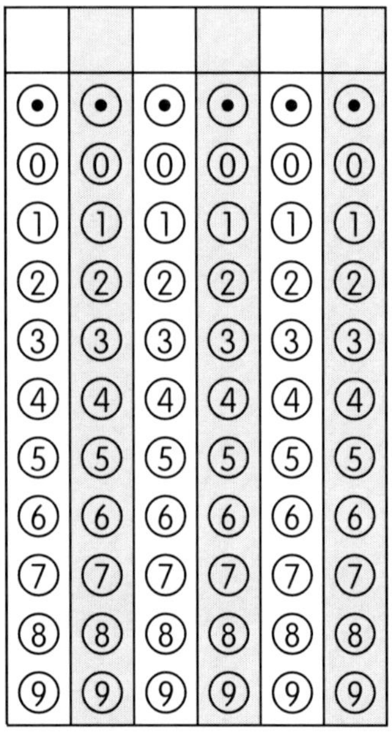

Parte B

¿Cuántos visitantes menos hubo en enero que en junio?

Muestra tu proceso y escribe tu respuesta en el espacio en blanco.

Sección C Respuesta elaborada

7 La gráfica lineal muestra la altura de una planta de frijoles en un periodo de cinco semanas.

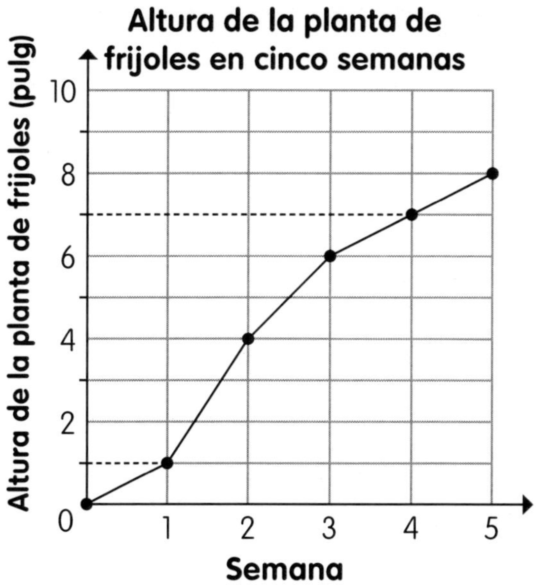

- ¿En qué semana la altura de la planta de frijoles fueron 7 pulgadas?
- A partir de la gráfica, Leah dijo que el mayor aumento en la altura de la planta de friojes se dio entre las semanas 1 y 2. ¿Es correcto lo que dice Leah? Explica.

Escribe tu respuesta y tu proceso o explicación en el espacio en blanco.

8 Álex contó el número de cada tipo de figura. Representó los datos en una tabla.

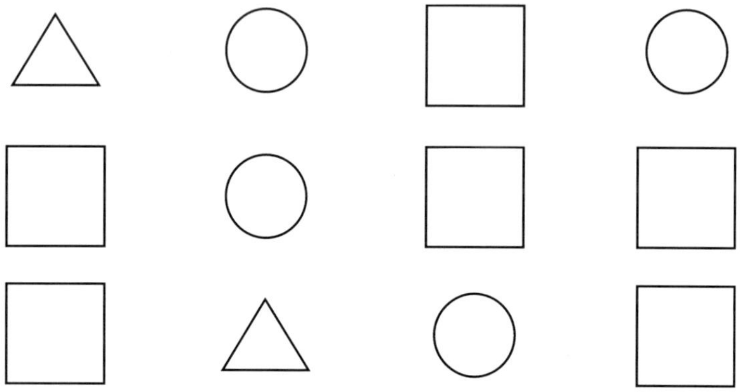

Figura	Conteo	Número de figuras
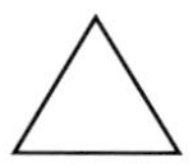 Triángulo	//	2
 Cuadrado	~~////~~ /	6
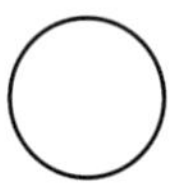 Círculo	////	4

¿Álex representó los datos correctamente? Explica.

Escribe tu respuesta y tu proceso o explicación en el espacio en blanco.

Nombre: ______________________________ Fecha: ______________

Guía de evaluación
Repaso acumulativo 4

Sección A Preguntas de opción múltiple

1 ¿ ∠es un ángulo agudo o un ángulo obtuso?
Sin usar un transportador, ¿cuál es una medida probable de ∠?

(A) ángulo agudo, 48°

(B) ángulo agudo, 88°

(C) ángulo obtuso, 100°

(D) ángulo obtuso, 160°

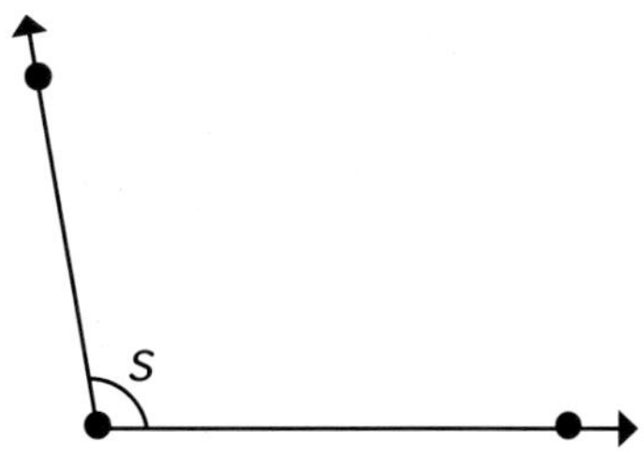

2 ¿Qué enunciado acerca de la medida de los giros y ángulos es verdadero?

(A) Un giro de $\frac{1}{4}$ son 90 ángulos a la derecha.

(B) Un ángulo llano es igual a un giro de $\frac{1}{2}$.

(C) Un ángulo que gira $\frac{3}{4}$ de un giro completo mide 180°.

(D) Un ángulo que gira $\frac{1}{360}$ de un giro completo mide 360°.

3 ¿Qué fracción de un giro son 270°?

(A) $\frac{1}{2}$

(B) $\frac{1}{4}$

(C) $\frac{1}{8}$

(D) $\frac{3}{4}$

4 Caroline clasificó algunos polígonos en dos grupos como se muestra a continuación.

X	Y
Rombo Triángulo obtusángulo Paralelogramo	Triángulo rectángulo Rectángulo Cuadrado

¿Qué representan **X** y **Y**?

(A) X: por lo menos un par de lados paralelos; Y: ningún lado paralelo

(B) X: por lo menos un par de lados paralelos; Y: ningún lado paralelo

(C) X: ningún ángulo recto; Y: por lo menos un ángulo recto

(D) X: figuras simétricas; Y: figuras no simétricas

5 ¿Qué figura tiene un eje de simetría?

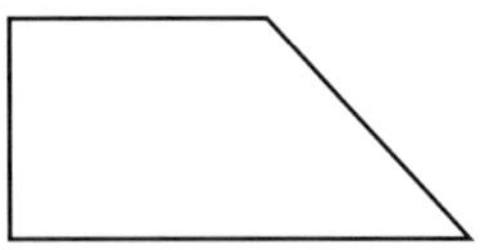
(A)

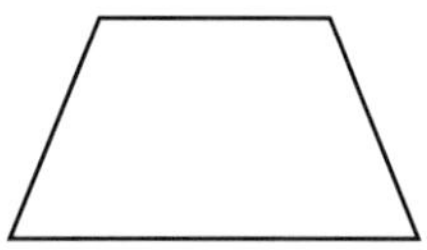
(B)

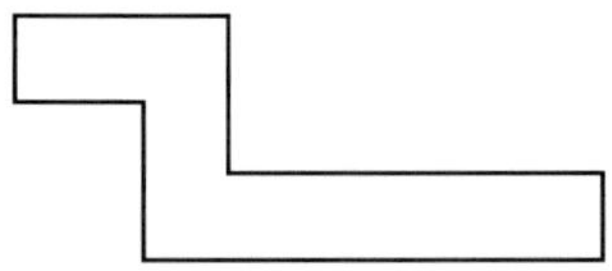
(C)

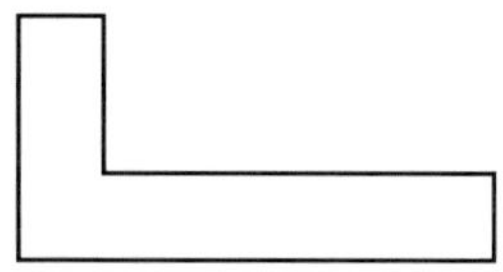
(D)

6 Se dobló un papel y se cortó una figura como la que se muestra.

¿Cómo se verá la figura cuando se desdoble el papel?

(A)
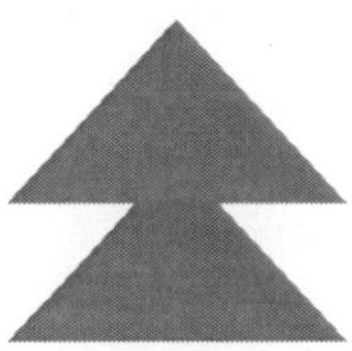

(B)

(C)

(D)

7 Esta pregunta tiene dos partes.
La gráfica lineal muestra el número de visitantes a un museo en una semana en particular.

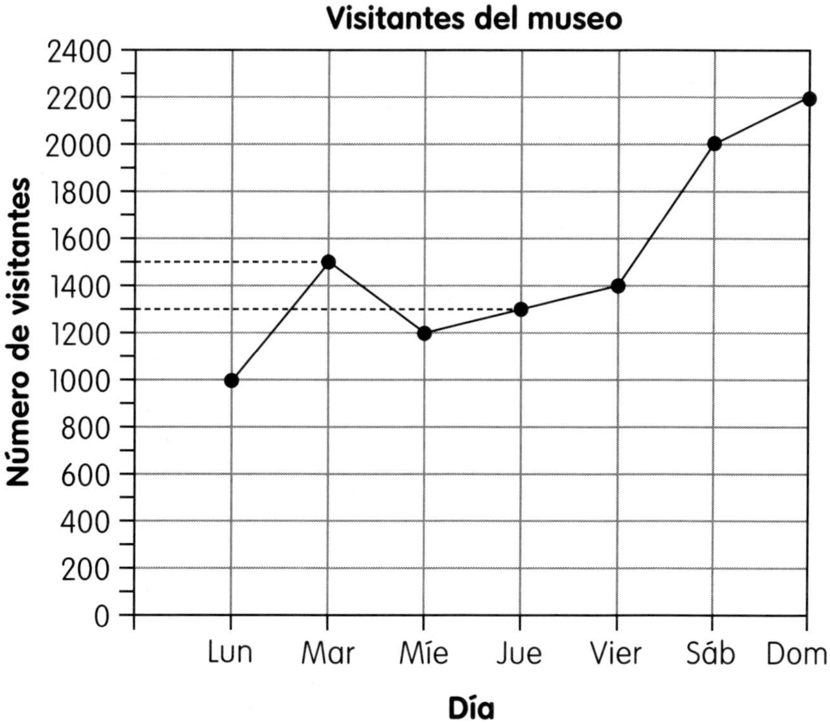

Parte A

¿Cuántos visitantes hubo el martes?

(A) 1,300

(B) 1,400

(C) 1,500

(D) 1,600

Parte B

¿Qué día hubo 700 visitantes menos que el sábado?

(A) Lunes

(B) Miércoles

(C) Jueves

(D) Viernes

8 Esta pregunta tiene dos partes.
La tabla muestra el número de libros que los estudiantes de una clase leen en una semana.

Número de libros leídos	1	2	3	4	más que 4
Número de estudiantes	10	8	6	5	10

Parte A

¿Cuántos estudiantes leen solo 1 libro a la semana?

(A) 5
(B) 6
(C) 8
(D) 10

Parte B

¿Qué enunciado sobre la tabla **no** es verdadero?

(A) 15 estudiantes leen más de 3 libros a la semana
(B) El número total de libros leídos en una semana fue 39
(C) 18 estudiantes leyeron 2 libros o menos en una semana
(D) Menos que la mitad de la clase leyó 4 libros o más

Sección B Preguntas de respuesta corta

9 La medida de $\angle QOR$ es 115°. Traza y rotula el ángulo.

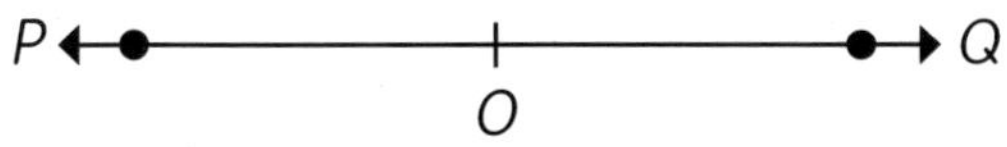

10 ¿Cuánto miden $\angle w$ y $\angle x$? Usa un transportador como ayuda.

Escribe cada resultado en el espacio en blanco.

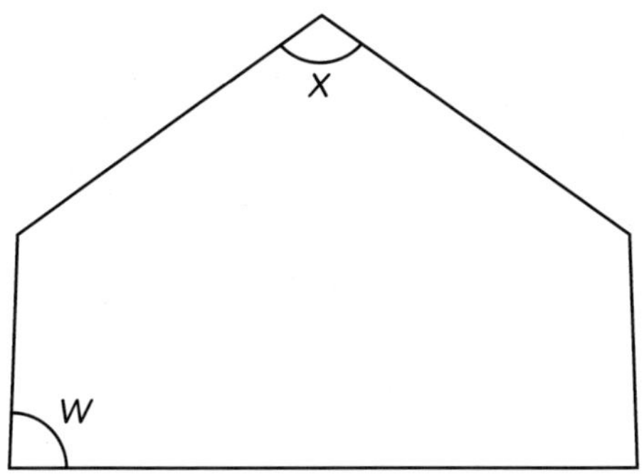

$m\angle w =$ ____________________

$m\angle x =$ ____________________

11 Shanti tiene un papel cuadrado. Quiere cortar el papel como se muestra. ¿Cuánto mide $\angle x$?

Muestra el proceso y escribe tu respuesta en el espacio en blanco.

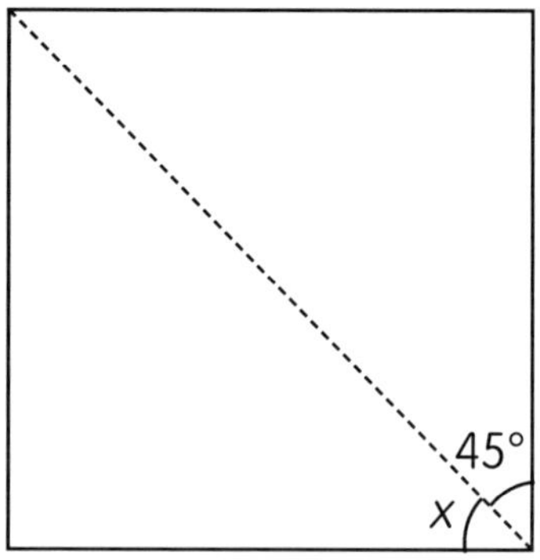

12 Traza un segmento paralelo al segmento dado a partir del punto *B*.

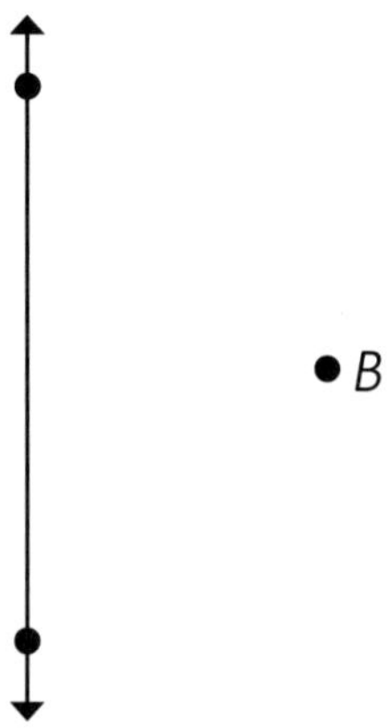

13 Traza un segmento perpendicular al segmento dado a partir del punto *A*.

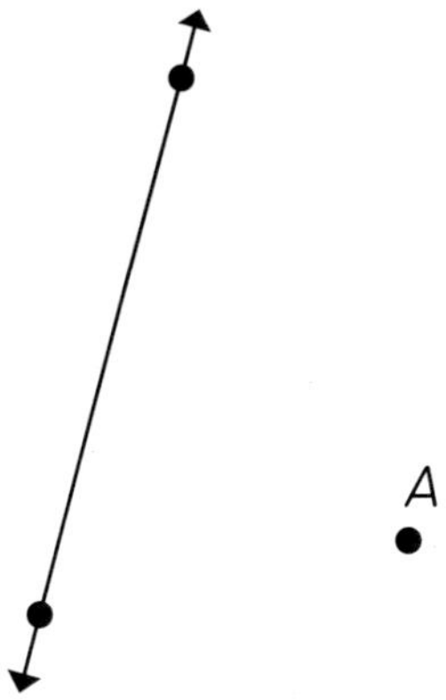

14 La línea punteada en la siguiente figura es un eje de simetría. Colorea los cuadrados correctos para formar un patrón simétrico.

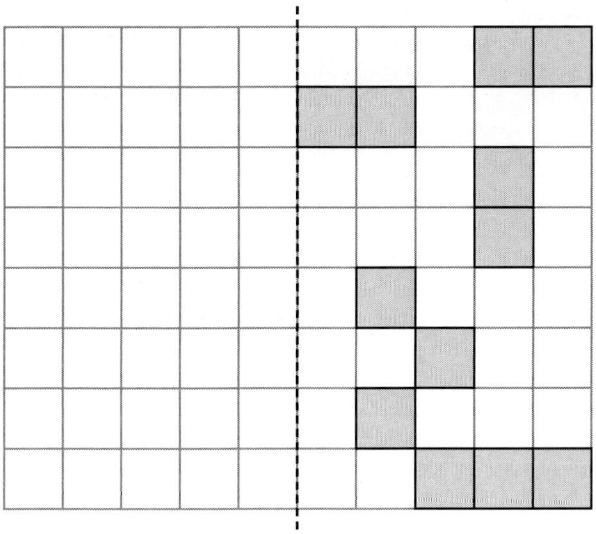

15 La tabla representa el número de *waffles* que vendieron 4 niños en un evento para recaudar fondos. Faltan algunos datos.

Escribe tus respuestas en la siguiente tabla.

Nombre	*Waffles* de vainilla	*Waffles* de chocolate	*Waffles* de fresa	Número total
Alex	8		13	36
Ella	12	14	14	40
June		6	12	
Noah		8		35
Total	59	43		150

16 La tabla representa información sobre 25 monedas que Caleb, John, Alyssa y Faith tienen, cada uno. Faltan algunos datos.
John dice que tiene la mayor cantidad de dinero y que Faith tiene la menor.
¿Está en lo correcto John? Explica.

Escribe tus respuestas en la tabla y el espacio en blanco.

Nombre	Número de monedas de veinticinco centavos	Valor de las monedas de veinticinco centavos ($0.25)	Número de monedas de diez centavos	Valor de las monedas de diez centavos ($0.10)	Valor total
Caleb	12	$3.00	13	$1.30	$4.30
John			10	$1.00	
Alyssa	11	$2.75	14	$1.40	$4.15
Faith	6	$1.50			

17 Traza el eje de simetría de la letra.

18 La siguiente tabla muestra el número de entradas vendidas en una sala de cine en seis días.

Día	1	2	3	4	5	6
Número de entradas vendidas	3,506	4,250	2,753	5,255	4,002	3,758

¿Cuántas entradas más se vendieron el día 2 que el día 5?

Escribe tu resultado en la cuadrícula de respuestas.

⊙	⊙	⊙	⊙	⊙	⊙
⓪	⓪	⓪	⓪	⓪	⓪
①	①	①	①	①	①
②	②	②	②	②	②
③	③	③	③	③	③
④	④	④	④	④	④
⑤	⑤	⑤	⑤	⑤	⑤
⑥	⑥	⑥	⑥	⑥	⑥
⑦	⑦	⑦	⑦	⑦	⑦
⑧	⑧	⑧	⑧	⑧	⑧
⑨	⑨	⑨	⑨	⑨	⑨

Sección C Respuesta elaborada

19 Michael observa las letras de los siguienes nombres.

AVA

IAN

Michael dice que cada letra del nombre AVA tiene un eje de simetría. Dije que una de las letras en el nombre IAN tiene más de un eje de simetría, pero que una de ellas no tiene eje de simetría.

- ¿Todo lo que dice Michael es correcto?
- Explica cómo obtuviste tu respuesta.

Escribe tu respuesta y tu proceso o explicación en el espacio en blanco.

20 En la tabla se muestra la masa corporal de Diego en los últimos seis años.

Edad (años)	0	1	2	3	4	5	6
Masa (kg)	3	9	11	14	18	21	25

Eric dice que quiere presentar los datos en una gráfica de barras.

- ¿Es adecuada la elección de Eric de una gráfica? Si su elección no es adecuada, ¿qué tipo de gráfica debería usar?
- Explica cómo obtuviste tu respuesta.

Escribe tu resultado y tu proceso o explicación en el espacio en blanco.

21 La siguiente gráfica lineal muestra la cantidad de agua usada por la familia Smith cada semana, durante cinco semanas.

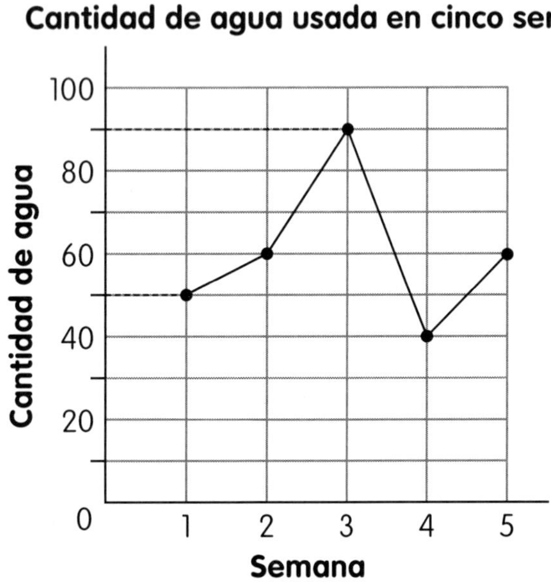

- ¿Durante cuál semana usaron los Smith la menor cantidad de agua?
- A partir de la gráfica, Amy le dice a su padre que el mayor aumento en el uso de agua se dio entre las semanas 2 y 3. ¿Amy está en lo correcto? Explica.

Escribe tus respuestas y tu trabajo o explicación en el siguiente espacio.